Dans la même collection

Une partie des dessins de ce livre a déjà été publiée dans
Astrapi en 1984, sur une idée de Claude Delafosse
et de Pascale de Bourgoing.
© Éditions Gallimard, 1985
Dépôt légal : septembre 1985
Numéro d'édition : 36187
ISBN 2-07-039525-1
Imprimé par la Editoriale Libraria en Italie

LE LIVRE DE L'HISTOIRE DE FRANCE

COLLECTION DECOUVERTE CADET

Texte et illustrations
Jean-Louis Besson

GALLIMARD

L'Histoire sert aux Rois, aux Sénats, et à ceux
Qui veulent par la guerre avoir le nom de Preux ;
Et, bref, toujours l'histoire est propre
à tous usages :
C'est le témoin du temps, la mémoire des âges.

Pierre de Ronsard

Ce livre
appartient à :

Attendons avec espérance
et ne renonçons jamais à nos droits.
Alfred Jarry

Sommaire

L'âge de pierre

- 30 000

La Manche n'existe pas. Ce qui sera plus tard la France et ce qui sera l'Angleterre font partie du même sol, recouvert encore de nombreux glaciers.

Les infiltrations d'eau ont creusé des grottes, abris des premiers habitants, comme ceux de **Cro-Magnon**, dans la vallée de la Dordogne où les conditions de vie sont à cette époque déjà plus douces que dans les contrées voisines. Le gibier et le poisson ne manquent pas, chassé et pêché à l'aide d'instruments fabriqués avec des silex, des os ou du bois.

Sur les parois des grottes de Lascaux, les hommes peignent bisons, taureaux, chevaux et cerfs. Ils savent aussi sculpter des femmes aux formes arrondies, promesse de nombreux enfants.

La Vénus de Laussel,
22 000 ans (Dordogne)

L'âge de bronze

- 3 000

ON TROQUE ?

Suivant le rang et la fortune, l'habitation était vaste ou étroite. (...) Beaucoup de petits meubles en bois, des bijoux marins importés, des agates polies, des os en parure, mais surtout de belles armes, de la poterie de cuisine, des vases d'ornements, des meules à broyer les céréales, des cadres à tisser le lin ou la fibre de tilleul.

J.-H. Rosny

L'homme sait maintenant travailler le métal. Notre pays compte environ quatre millions d'habitants, c'est plus que dans la plupart des autres régions d'Europe. Les villageois s'installent, défrichent la terre pour la cultiver et élever des porcs et des moutons. Les produits fabriqués sont échangés : outils de métal, vêtements, poteries. C'est le début du commerce.

Les hommes les plus intrépides n'hésitent pas à prendre la mer sur des barques, carcasses de bois tendues de peaux de bêtes, pour faire de nouvelles connaissances, de nouveaux échanges.

Les Celtes

- 600

Ils sont venus des régions du Danube. Il savent extraire le minerai de fer et leurs armes sont redoutables. Ce sont eux les Gaulois qui n'ont peur de rien : un jour, ils ont fait le voyage de Rome pour aller piller la ville. Mais les oies* du Capitole ont évité le pire.

Dans les tribus, les chefs militaires gouvernent tandis que les druides, moitié prêtres moitié sorciers, rendent la justice et instruisent la jeunesse. En parole seulement, puisqu'ils ne connaissent pas l'écriture qui arrivera avec les Grecs et leur nouvelle colonie, Marseille.

Chaque année, les druides coupent le gui, toujours vert, symbole de vie perpétuelle.

Les mots accompagnés de ce signe* renvoient au lexique, p. 114

11

La conquête romaine

Il installa son siège au retranchement, devant son camp : c'est là qu'on lui amène les chefs ; on lui livre Vercingétorix, on jette les armes à ses pieds.

Jules César

Baliste romaine, ingénieuse machine à envoyer des flèches.

Coupe des fortifications devant Alésia.

Vercingétorix, chef des Gaulois, se rend, vaincu, à Jules César. C'est la fin du siège d'Alésia. La conquête de la Gaule avait été décidée par les Romains afin d'étendre leur empire. Les Gaulois se sont vaillamment défendus, mais l'adversaire est mieux organisé, mieux équipé. Pour s'emparer d'Alésia, les légionnaires romains ont construit une double barrière de fossés et de pièges, interdisant aux Gaulois toute échappée ainsi que la venue de renforts de l'extérieur.

*A quoi reconnaît-on que la noble France
est la plus vieille de toutes les nations ?
– A toutes ses routes, qui sont ses rides.*

Année zéro

Paul Fort

Un réseau de routes jalonnées de bornes indiquant la distance jusqu'à Rome couvre la Gaule, devenue province romaine après une conquête de six ans. Des arènes, des acqueducs, des places, des fontaines sont bâtis : les premières villes apparaissent. Le latin a remplacé la langue des Celtes. Gaulois et Gauloises vivent à la mode romaine.

A quatre mille kilomètres de là, en Judée, Jésus-Christ vient de naître. Mais il ne parle pas encore...

Lugdunum (Lyon) est la capitale des provinces de la Gaule : aquitaine, lyonnaise, belge et narbonnaise.

13

La Gaule romaine

Toute la Gaule produit beaucoup de blé, du millet, des glands, toutes sortes de bétail. Aucun terrain n'y reste inoccupé, sauf les endroits où s'élèvent des maisons ou des bois qui empêchent la culture.

Strabon

Les maisons rurales des grands propriétaires sont bâties sur le modèle des plus belles villas romaines. La Gaule devient la province la plus riche de l'empire : la terre y est plus fertile et les récoltes plus abondantes. On exporte le blé, les fruits, la viande salée ainsi que la laine. Les poteries de l'Aveyron et de l'Auvergne sont très renommées. On fabrique et on vend aussi des machines agricoles.

On plante la vigne, des Pyrénées jusqu'aux bords du Rhin. Les vins sont déjà réputés ; on les expédie dans des tonneaux, grande invention gauloise.

Complément indispensable du bien-vivre : la santé. A Marseille, Crinas est le médecin le plus célèbre de l'empire. Son élève Théodote sait opérer la cataracte.

Les premiers monastères

NOUS Y NOURRIRONS LES ÂMES.

Martin de Tours, le saint homme qui a offert la moitié de son manteau à un pauvre, fonde l'abbaye de Ligugé.

C'est la première communauté de moines, on les appelle les cénobites. (Jusque là, ceux qui voulaient consacrer leur vie à Dieu s'isolaient dans le désert : c'étaient les anachorètes).

La parole du Christ, arrivée en Gaule par Marseille, commence à se répandre. Saint Martin et ses disciples entreprennent d'évangéliser les campagnes encore païennes.

Son petit-neveu, saint Patrick, continuera son œuvre et ira même prêcher jusqu'en Irlande. Il en deviendra le saint patron.

Si les frères se trouvent par la nécessité ou la pauvreté à travailler eux-mêmes aux récoltes, ils ne s'en affligeront pas ; c'est alors qu'ils seront vraiment moines.
    Règle de saint Benoît
    (526)

Les grandes invasions

Les Vandales (1) traversent la Gaule et vont en Espagne. Les Wisigoths (2) s'installent dans le Sud-Ouest. Les Burgondes et les Alamans (3), dans l'Est et le Centre.

Le bien-être, hélas, endort la méfiance et affaiblit la défense. Venus de l'est, les barbares déferlent et ne respectent rien. Vandales, Wisigoths, Burgondes, Alamans et **Francs** pillent tout ce qui se mange et tuent tout ce qui bouge.

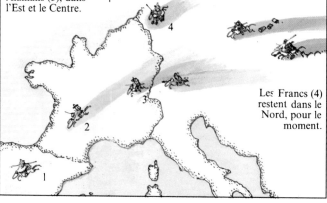

Les Francs (4) restent dans le Nord, pour le moment.

Maître de toutes les nations barbares, Attila le Fléau de Dieu était l'un des plus grands monarques dont l'Histoire ait jamais parlé.

451   Montesquieu

Faisons des barricades et défendons-nous ! Sainte Geneviève, jeune et courageuse parisienne, exhorte ses concitoyens à résister à l'approche d'Attila et des Huns, causes de tous ces désordres. Ce sont eux, en effet, qui, venant des steppes lointaines d'Asie, avaient poussé en avant les premières vagues barbares. Mais Attila passera à l'écart de Paris et c'est Aetius, général romain, qui, à Châlons, arrêtera les hordes sauvages.

Les Huns descendent rarement de leur cheval. Plutôt que de s'arrêter pour faire la cuisine, ils glissent la viande sous leur selle afin de la rendre plus tendre. C'est le steak tartare.

Le général Aetius, commandant des dernières légions romaines.

Les Mérovingiens

Clovis, **roi des Francs**, reçoit le baptême de Rémi, évêque de Soissons. Clovis avait promis à sa femme, la reine Clotilde, de se faire chrétien s'il sortait vainqueur d'une bataille à Tolbiac dont l'issue lui semblait incertaine. La victoire obtenue, trois mille soldats se font baptiser avec lui.

Chrétien et sévère, c'est Clovis qui est réputé avoir puni l'un de ses soldats en lui fendant le crâne : le coupable avait préféré casser un vase volé à l'évêque de Soissons, plutôt que de le lui rendre.

L'anecdote, rapportée par Grégoire de Tours, évêque et historien, a été pendant longtemps l'un des épidodes les plus connus de l'histoire de France.

La reine Clotilde

Clovis

Au début, les Francs n'avaient envahi que le Nord. Bientôt, ils gagnent la Somme, la Normandie et la Loire sur les dernières légions romaines qui occupent encore le pays.

Avec la bénédiction des chrétiens, Clovis va continuer d'agrandir son territoire : d'abord la Bourgogne, et ensuite tout le Sud-Ouest d'où, après la bataille de Vouillé, il chasse les Wisigoths vers l'autre versant des Pyrénées.

Les populations des régions conquises sont encore loin de parler la même langue, mais après Soissons, Paris et Orléans, Toulouse et Bordeaux font maintenant partie d'un royaume qu'on peut désormais appeler le royaume de France.

Tous les seigneurs et guerriers du royaume lui jurèrent fidélité. Rangés en demi-cercle, ils tirèrent tous à la fois leurs épées et les brandirent dans l'air en prononçant une vieille formule païenne qui vouait au tranchant du glaive celui qui violerait son serment.

Grégoire de Tours

19

La succession de Clovis

Clovis à peine mort, ses quatre fils **Thierry**, **Clodomir**, **Childebert**, et **Clotaire** se disputent l'héritage du royaume. Et, après eux, les petits-fils. Les haines deviennent féroces, et on en arrive à de célèbres excès. Ainsi, Clotaire II, fils de la reine Frédégonde, faisant siennes les querelles de sa mère, promènera, nue sur un chameau, sa tante Brunehaut âgée de quatre-vingt-quatre ans. Attachée ensuite à la queue d'un cheval, la pauvre femme périra.

Le supplice de Brunehaut.

Le bon roi Dagobert

AURAIS-JE MIS QUELQUE CHOSE À L'ENVERS ?

VOTRE MAJESTÉ EST MAL CULOTTÉE

Il n'est sûrement pas aussi maladroit qu'on le chante. L'arrière-petit-fils de Clovis s'entoure de bons conseillers : l'orfèvre Éloi pour les finances et Ouen, évêque de Rouen, pour les relations extérieures. Le territoire de la France était divisé : Austrasie ou royaume de l'est, Neustrie ou royaume de l'ouest (Paris, Normandie et Loire), Bourgogne et Aquitaine. Dagobert et ses ministres en refont l'unité. La basilique de Saint-Denis est fondée. Les rois de France y seront plus tard enterrés.

Quant à la chanson du roi Dagobert, elle n'est sûrement pas aussi ancienne que son modèle. Remise à la mode en 1814 au retour de la royauté, elle sera un moment interdite par la police.

Le grand Saint Éloi
Leur dit : « Mes bons rois
La postérité
Va bien vous moquer...»
« Suffit ! dit Dagobois
Moi
J'ai ma culotte à l'endroit...»

Luc Bérimont

Châsse mérovingienne. Éloi, réputé pour son habileté, deviendra le saint patron des orfèvres et de tous les ouvriers utilisant un marteau.

La fin des Mérovingiens

638

Les rois fainéants. Ainsi appelle-t-on les descendants de Dagobert. Les derniers rois mérovingiens, arrivés au pouvoir dès l'enfance, ne pensent qu'à s'amuser. Les affaires sérieuses sont laissées à des intendants, les maires du palais.

Parmi eux, une famille austrasienne, les Pippinides, prend de l'assurance. Lorsque Pépin d'Héristal gouverne, la charge est devenue héréditaire. Désormais, les Pépin seront maires du palais de père en fils.

Pépin d'Héristal

Les rois fainéants
— N'en faites pas
tant ! —
S'épuisaient si bien
— Bourrez mes
coussins ! —
Que le soir venu
— Tout est si ardu ! —

Ils confiaient la tâche
— Jamais de relâche ! —
A leurs serviteurs !
De bâiller pour eux
— Bonne nuit,
Messieurs ! —

Jean-Claude Busch

Je vous avoue aussi que la majesté des Écritures m'étonne,
que la sainteté de l'Évangile parle à mon cœur.

648   Jean-Jacques Rousseau

Les moines savants. Saint Wandrille fonde une abbaye en Normandie qui portera plus tard son nom. Trois cents moines vont y vivre selon la règle définie cent ans plus tôt par saint Benoît en Italie.

A une époque où même le roi ne sait pas lire, le pays a bien besoin des moines. Eux compris, un demi pour cent seulement de la population est lettré (contre vingt pour cent pendant la Gaule romaine).

En plus de l'enseignement, les moines assurent le service des hôpitaux et des hospices.

Dans les diocèses, les évêques, choisis parmi les familles riches, sont les seuls soutiens des populations. Ils veillent à la subsistance des faibles et rendent la justice.

Autour de l'église et de son curé se crée

la paroisse. Division du diocèse, ce sera pendant des siècles la cellule de base de la société française.

23

L'invasion arabe

Alors Abd al-Rahmân, voyant la terre pleine de la multitude de son armée, franchissant les montagnes des Basques et foulant les cols comme des plaines, s'enfonça à l'intérieur des terres des Francs.

L'anonyme de Cordoue

Les Arabes, appelés aussi les Sarrasins, ont franchi les Pyrénées par le col de Roncevaux, venant d'Espagne, qu'ils ont conquise, et avant, d'Afrique du nord. Leur invasion a été rapide comme l'éclair.

Partis de la Mecque en Arabie, où le prophète Mahomet a eu la révélation de la parole divine, ils prêchent la soumission à Dieu : l'Islam.

La conversion des âmes s'est rapidement transformée en conquêtes de territoires. Eudes, le duc d'Aquitaine, n'est pas parvenu à les arrêter. Il appelle à son secours Charles, prince des Francs d'Austrasie et de Neustrie, fils de Pépin de Herstal.

Les Arabes sont sur la route de Tours...

Charles Martel à Poitiers

732

IL FRAPPE COMME UN MARTEAU, POUR AINSI DIRE...

L'énergique Charles rencontre les Arabes près de Poitiers. La cavalerie de l'émir d'Espagne Abd al-Rahmân attaque les soldats de l'armée française qui résistent « comme un mur de fer ».

L'émir est tué. Le lendemain matin, le camp des Arabes est vide : ils ont fui pendant la nuit. Dans les jours qui suivent, privés de chef, les Sarrasins retraverseront les Pyrénées.

Charles a frappé si fort de son épée qu'il y gagne son surnom : Charles Martel. Pour la première fois, la progression de l'Islam a été arrêtée, la chrétienté a tenu bon.

Charles Martel profite de sa victoire en obtenant la soumission du duc d'Aquitaine et étend son autorité jusqu'en Provence.

Le maire du palais en France intérieure, nommé Charles, homme belliqueux depuis son jeune âge et expert dans l'art militaire, prévenu par Eudes, lui fait front.
L'anonyme de Cordoue

25

Les Carolingiens

Le Seigneur très florissant, le pieux roi Pépin fut oint et béni comme roi et patrice au nom de la sainte Trinité avec le même jour ses susdits fils Charles et Carloman.

Anonyme

Le dernier des Mérovingiens sur le chemin du couvent

Pépin le Bref n'est peut-être pas grand mais sa force est prodigieuse : on raconte qu'il aurait tué un taureau sauvage d'un seul coup d'épée.

De son épouse Berthe au grand pied, il a deux fils, Charles et Carloman. Maire du palais comme son père Charles Martel, il se débarrasse du dernier des Mérovingiens Childéric III en l'envoyant au couvent, la tête rasée. Déclaré roi une première fois à Soissons par saint Boniface, il se fait, deux ans plus tard, sacrer encore une fois, à Saint-Denis, par le pape en personne (venu, il est vrai, lui demander son aide contre les Lombards).

Désormais roi par la volonté de Dieu, Pépin le Bref vient d'inventer la monarchie de droit divin.

> *Ah ! Durendal, ma bonne épée, quel fut votre malheur*
> *Puisque je suis perdu, de vous je n'ai plus charge. Tant de*
> *batailles en rase campagne j'ai, grâce à vous, gagnées,*
> *   Et tant de larges terres j'ai conquises,*
> **771** *Que Charles tient, à la barbe chenue !*
>
> La Chanson
> de Roland

Charles Ier, seul roi des Francs à la mort de son frère Carloman, fait la guerre aux Saxons, des païens qui menacent le royaume du côté de l'est. Ce sera long, et il faudra en prendre 4 500 pour les convertir définitivement au christianisme.

La conquête de la Lombardie est heureusement plus aisée. Les Baléares, la Bavière, l'Autriche, la moitié de la Hongrie vont aussi bientôt faire partie de l'empire.

C'est au retour d'une expédition à Pampelune contre les Sarrasins, que l'arrière-garde de son armée, commandée par Roland, se fait massacrer par les Basques alors qu'elle franchit le col de Roncevaux.

Le comte Roland, à grand-peine et grand effort, à grande douleur, sonne de son olifant. Et de sa bouche jaillit le sang clair, et de son front la tempe se rompt.
(La Chanson de Roland)

27

Charlemagne
empereur d'occident

La monnaie d'or a disparu depuis longtemps. Charlemagne institue pour la remplacer la monnaie d'argent.

Le commerce, qui n'était plus que du troc pendant les Mérovingiens, va reprendre peu à peu.

Rome, 25 décembre. *A Charles Auguste couronné par Dieu, grand et pacifique empereur des Romains, vie et victoire !*

Le pape Léon III pose la couronne sur la tête de Charlemagne, chef unique des chrétiens d'occident, c'est-à-dire de la plupart des Européens.

Charlemagne gouverne depuis Aix-la-Chapelle, sa capitale, mais il voyage souvent, suivi de toute la cour, inspectant ses domaines.

Il a lui-même divisé l'empire en trois cents comtés, administrés par ceux qu'il choisit et qui le représentent. Les comtes eux-mêmes sont contrôlés par des inspecteurs, les missi dominici (les envoyés du maître).
L'empire vit en paix et en ordre.

L'école

Tout père de famille doit envoyer son fils à l'école et l'y laisser jusqu'à temps qu'il soit bien instruit.

C'est sans doute à cause de ce capitulaire, qui ne s'adresse malheureusement pas encore aux filles, que Charlemagne est réputé avoir inventé l'école.

Mais s'il n'en est pas le créateur, il en répand la pratique dans les paroisses à la campagne.

Le clergé ayant perdu l'usage du latin, Charlemagne demande aux évêques et aux moines de copier les livres afin de multiplier leur diffusion, et pour que leur lecture en soit facilitée, on dessine un nouveau caractère plus lisible que la vieille onciale capitale : la minuscule.

Après celle qui lui donne un premier fils, Pépin le Bossu, Charlemagne aura quatre épouses : Désirée, Hildegarde, Fastrade, et enfin Liutgarde.

Le trône de Charlemagne, sans luxe superflu.

Le partage de l'empire

843

Par le traité de Verdun, les trois petits-fils de Charlemagne, qui ne cessaient de se chicaner, se répartissent l'empire.

A l'aîné, Lothaire est affecté la Lotharingie, la partie centrale (1).
Louis le Germanique prend l'est (2).
Charles le Chauve s'installe dans la Francie de l'ouest (3).

Quand Lothaire meurt, les luttes reprennent de plus belle. Les Sarrasins débarquent en Provence et les Hongrois poussent jusqu'en Bourgogne.

« Bras-de-fer », aussi appelé Baudouin Ier, enlève la belle Judith dont le père, Charles le Chauve, est bien forcé de faire de son gendre le comte des Flandres.

Enlèvement de Judith, fille de Charles le Chauve

Les Normands

Grands constructeurs de bateaux, explorateurs intrépides, les Vikings arrivent sur leurs drakkars. Ils viennent du Danemark, de la Suède, de la Norvège et débarquent sur toutes les côtes d'Europe. Les drakkars sont capables de remonter les fleuves : les nouveaux envahisseurs atteignent Paris après avoir pillé Saint-Denis et transformé l'abbaye de Saint-Germain-des-Prés en étable. Les Parisiens tiennent bon. Et comme personne ne parvient à chasser tout à fait les hommes du nord, on leur donne un territoire : la Normandie.

Le premier des Capétiens

987

La chasse au faucon, venue d'Asie, a été introduite en France sous les Mérovingiens.

Louis V meurt d'un accident de chasse dans la forêt de Compiègne. Il avait vingt et un ans et n'avait pas d'enfants. Hugues Capet, fils du comte de Paris, souverain du Poitou, héritier du duché de Bourgogne, marié à Adélaïde d'Aquitaine et ami de l'archevêque de Reims, semble le mieux placé pour assurer la succession. Ainsi commence la dynastie des Capétiens.

Mais l'an mille approche. Beaucoup ont peur de ce chiffre rond. Est-ce le signe de l'apocalypse, de la fin du monde ?

L'an mille

Eh bien non ! Le soleil continue de se lever. Aucune catastrophe particulière, pas davantage de guerres, ni d'invasions.

Les gens sont si contents qu'un extraordinaire élan vers la vie irrigue le pays.

Une folle envie de construire saisit les populations.

D'abord, pour remercier Dieu, des églises, plus belles et plus solides, avec des murs et des voûtes en pierre : Saint-Vorles à Châtillon-sur-Seine, Saint-Philibert à Tournus, Saint-Savin sur les bords de la Gartempe. Pour rendre davantage encore grâce à Dieu, on décore les linteaux et les tympans. C'est le début de l'art roman.

Art roman : le tympan des églises représente souvent le

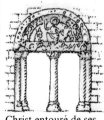

Christ entouré de ses apôtres.

33

La féodalité

Face aux invasions, aux famines, aux brigandages qui maintiennent un état d'insécurité permanent, les habitants se regroupent auprès de celui qui est le plus apte à les défendre.

Le roi étant trop loin, c'est le seigneur qui remplit ce rôle. Dans son château, il assure aide, protection et rend la justice. Les paysans lui doivent une grande partie de leurs récoltes, et aussi l'entretien des murs et des fossés du château.

N'ayant pas le droit de posséder ni de cultiver la terre, les juifs qui étaient venus de Palestine d'où ils avaient été chassés, s'établissent le plus souvent en communauté près des villes, car le commerce leur est toléré : principalement le prêt d'argent interdit aux chrétiens.

La vie de château

Quand une guerre est finie il faut se maintenir en forme pour la suivante. Ne pas se laisser rouiller les jambes, bien entretenir son armure.

Des tournois sont organisés. Les chevaliers mettent en jeu leur courage et leur notoriété. Comme il y a des dames dans le public, la compétition est encore plus vive.

Le comte Renaud a monté les degrés, Fortes épaules et la taille bien prise Beaux cheveux blonds, port altier, en nul lieu n'y eut tel chevalier

Chanson de toile

Ces vrais combats font parfois des morts, comme, plus tard le roi Henri II (voir page 60).

Musique, danses, jongleries : le château est aussi la salle de spectacle où se fêtent les mariages et les réceptions.

35

La première croisade

1071

Les croisades, (il y en aura sept autres), auront permis de voyager, d'échanger des idées et des biens.

Sur le parcours, des moines soldats, les

Hospitaliers, construisent d'énormes châteaux forts comme le Krak des Chevaliers.

La nouvelle se répand : les Turcs ont pris Jérusalem. Des chrétiens qui se rendaient en Terre Sainte auraient été massacrés. L'émotion est grande. L'avis du pape est qu'il faut aller délivrer Jérusalem. Chevaliers et pèlerins cousent une croix rouge sur leurs vêtements. Les premiers à partir sont les pauvres. Ils vendent tout, pillent un peu sur leur passage et se font tuer par les Turcs. Les chevaliers s'organisent mieux et prennent Jérusalem. Pas pour longtemps.

Les villes au Moyen Age

CES GRANDS MARCHÉS, ÇA ME FAIT REGRETTER LES COLPORTEURS

Le temps des invasions est maintenant passé. Les villes peuvent être bâties et agrandies. Les ponts de bois font place aux ponts de pierre. Sur les fleuves, les moulins à eau sont les premiers moteurs de l'industrie. Le nouveau collier d'attelage révolutionne les transports. Des paysans quittent la terre pour se faire artisans ou marchands qui se regroupent en corporations influentes. A Paris, c'est la corporation des marchands d'eau et son prévôt qui recevront l'ordre d'administrer la ville.

Les marchands de vin de Paris.

Héloïse, dix-sept ans, tombe amoureuse de son professeur de philosophie, Abélard. Ils s'écriront de très belles lettres.

37

Un vassal trop puissant
1152

Paris commence la construction de sa cathédrale.

Aliénor d'Aquitaine et Louis VII, le roi de France son époux, rentrent de croisade. Elle est belle et spirituelle, il est ennuyeux et dévôt. Pendant le voyage, elle l'a ridiculisé en acceptant les hommages de Raymond de Poitiers. L'Église consent au divorce, malheureusement Aliénor emmène avec elle l'Aquitaine et le Poitou. Une jolie dot pour le nouveau mari Henri Plantagenêt, déjà comte d'Anjou et duc de Normandie : vassal du roi de France, il devient deux ans plus tard, roi d'Angleterre.

Le Roman de Renart : les aventures du rusé goupil et du sot Ysengrin le loup.

Bouvines

1214

A Bouvines, près de Lille, Philippe Auguste remporte une victoire rapide et totale sur les Anglais et leurs alliés, les Allemands et les Flamands. Les Anglais doivent quitter tous les pays qu'ils occupaient au nord de la Loire.

C'est ce que Philippe Auguste avait déjà tenté d'obtenir par surprise en rentrant de la troisième croisade plus tôt que Richard Cœur de Lion, roi d'Angleterre et fils d'Aliénor.

Pendant ce temps, dans le Midi, une nouvelle religion, condamnée par l'Eglise, s'est répandue. Celle des Cathares (les « purifiés »). Selon eux, il y a les Bonshommes et les Parfaits. Seuls les Parfaits peuvent remettre les péchés une seule fois dans la vie des Bonshommes avec le Consolamentum.

Pourchassés par l'Eglise, les Cathares se réfugient dans leurs châteaux (Quéribus, Montségur).

39

Les cathédrales

Plan d'une cathédrale :
1. Abside

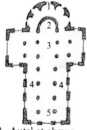

2. Autel et chœur
3. Transept
4. Bas-côtés
5. Porche ou narthex

Les villes sont riches et la foi religieuse est la base de la société. Tout a commencé avec Suger, abbé de Saint-Denis, qui décide de faire de son église un monument digne de Dieu et du Roi. Ensuite, chacun fournissant argent ou heures de travail, les villes auront toutes leur cathédrale : Sens, Senlis, Paris, Soissons, Bourges, Chartres, Rouen, Amiens, Reims.
L'élan religieux anime aussi la marche des pélerins. Ils traversent la France et l'Espagne pour aller à Compostelle. Leur insigne ? Une coquille Saint-Jacques.

Saint Louis

1234

Louis IX est un roi juste et pieux qui aime rendre la justice assis sous un vieux chêne, pardonnant aux petits délinquants. D'ailleurs le pape et Henri III d'Angleterre le prendront comme arbitre de leur conflit.

Tous les hérétiques ne sont pas brûlés, mais tous ont leurs biens confisqués.

Pourtant, mieux vaut être braconnier qu'hérétique, car les tribunaux de l'Inquisition sont sans appel : ceux qui ne partagent pas la croyance officielle de l'Eglise sont souvent brûlés. Comme les deux cents Cathares de Montségur.

Première grève ouvrière, à Douai.

41

La dernière croisade

Pour ses deux croisades, Saint Louis avait acheté le

petit port d'Aigues-Mortes aujourd'hui ensablé.

Partie d'Aigues-Mortes, la huitième croisade se termine, mal, à Tunis. Le roi Saint Louis meurt de la peste. Déjà, au cours de la précédente, le roi avait été fait prisonnier et n'avait été rendu que contre une rançon.

Son frère Charles, roi de Sicile, a lui aussi des ennuis : le soir du lundi de Pâques 1282, la population, mécontente des occupants français, décide de les massacrer. Ce sont les Vêpres siciliennes.

Les Vêpres siciliennes

La fin des Capétiens

1310

CE N'EST JAMAIS QU'UNE PETITE DÉVALUATION...

Philippe le Bel condamne au bûcher les Templiers*, non sans avoir confisqué leurs biens. Pour la même raison il avait expulsé 100 000 juifs. Souvent il fait rogner les pièces de monnaie pour en fondre d'autres avec l'or récupéré. Ces besoins d'argent ne sont que le revers d'une économie qui se modernise.

Pendant ce temps, un pacte perpétuel est signé entre les cantons d'Uri, de Nidwald et de Schwyz. La Confédération Helvétique est née. Quant à la France, elle compte maintenant 14 millions de sujets.

Le Saint-Siège s'installe près du pont d'Avignon.

Son occupant est Clément V.

43

Une succession difficile

1337

Dispute entre Philippe de Valois et Edouard III, roi d'Angleterre, pour le titre de roi de France. Les fils de Philippe le Bel ont régné chacun leur tour mais ils sont morts sans enfants. C'est Philippe qui est choisi, il est né dans le royaume. Edouard est tout à fait furieux. Un jour, il débarque avec son armée et ravage la côte, du Cotentin jusqu'en Picardie. Une nouvelle guerre commence, elle sera longue.

Le sel est bien utile en cuisine.
Pour l'Etat, il peut faire un bon revenu, il suffit de le taxer. Cela s'appelle la gabelle.

Venu d'Orient, un navire chargé d'épices et de marchandises infectées aborde Marseille. Ceux qui l'approchent sont immédiatement contaminés.
Ce sera le début de la Grande Peste.

La guerre de Cent Ans

1346

26 août. Bataille de Crécy. Les Anglais ont pris position les premiers. Les Français, eux, voudraient se battre comme au temps de la chevalerie, mais leurs armures sont trop lourdes et les soldats d'Edouard sont équipés d'un nouvel arc très meurtrier et d'une machine encore jamais vue : le canon. Son bruit est effrayant. C'est la débandade chez les Français. ·

La peste fait d'énormes ravages. Le tiers de la population française va disparaître.

Pour éviter le massacre des habitants de Calais, assiégée pendant dix mois, six bourgeois,

la corde au cou, se rendent à Edouard.

La peste, pour les médecins, serait due à l'empoisonnement de l'air. Pour d'autres, les juifs en seraient la cause. Des dizaines de communautés juives seront anéanties.

La guerre de Cent Ans

1356

La rançon de Jean le Bon sera payée avec une nouvelle pièce d'or : le Franc.

Jean le Bon, c'est-à-dire le Brave, reçoit une pluie de flèches des Anglais à Poitiers. Il est fait prisonnier par le Prince Noir (le prince de Galles).

Son fils **Charles V** a la sagesse de se faire aider par Du Guesclin. Ils vont reprendre presque tout le pays occupé par les Anglais et le débarrasser des Grandes Compagnies, mercenaires dangereux quand on ne les paie pas.

La première horloge
publique est
installée dans la Tour
du Palais à Paris. Elle
s'y trouve encore.

1380

A la mort de Du Guesclin et de Charles V, le nouveau roi **Charles VI** n'a que douze ans. Sa tête est un peu fragile. Ce sont ses oncles qui gouvernent, pour leur seul intérêt.

De temps en temps le peuple, les marchands et les bourgeois se révoltent : les impôts sont lourds.

Le jeune roi tente bien de diriger les affaires, mais un jour qu'il traverse la forêt du Mans, un vieil homme lui fait peur. Charles VI devient encore un peu plus fou...

« Roi, ne chevauche plus avant, mais retourne car tu es trahi ! »

47

La pauvreté du peuple

La misère est grande dans les campagnes. Les armées françaises et anglaises se harcèlent, pillant les récoltes, abattant le bétail, faisant du feu avec le bois des maisons. En plus, sont revenues les Grandes Compagnies qui rançonnent les gens.

A Paris, les amis du roi ne pensent qu'à s'amuser. Pour une fête, ils se déguisent en sauvages. Les costumes prennent feu : c'est le Bal des Ardents. Le roi manque y périr et sa folie augmente.

Son frère le duc d'Orléans, lui, succombera sous les coups de Jean sans Peur, le duc de Bourgogne.

Le Bal des Ardents (1393)

La défaite

Azincourt. Après Crécy et Poitiers, troisième volée de flèches pour la chevalerie française qui, toujours sans

stratégie, confond guerre et tournoi. Sur 10 000 Français : 4 000 tués, 1 500 prisonniers.

C'est maintenant au tour de Jean sans Peur d'être assassiné.
Charles VI meurt à 54 ans. Seuls les habitants du sud de la Loire reconnaissent son fils pour dauphin*. Pour tous les autres, Henri V Plantagenêt est proclamé roi de France et d'Angleterre.

1419 : assassinat de Jean sans Peur sur le pont de Montereau.

Jeanne d'Arc

Gentils loyaux Français de la ville de Tournai, la Pucelle vous fait savoir la nouvelle qu'en sept jours elle a chassé les Anglais de toutes les places qu'ils tenaient sur la rivière de Loire par assaut ou autrement, où il y eut maints morts et prisonniers et les a déconfits en bataille.
(Ecrit à Gien, le 25ᵉ jour de juin)

Jeanne d'Arc

Jeanne d'Arc délivre Orléans assiégée par les Anglais. L'incroyable jeune fille de dix-sept ans, qui ne sait pas lire mais se tient à cheval, armée comme un vieux capitaine, réveille l'espoir des foules. Il y a maintenant une chance de chasser les Anglais et de retrouver la

douceur de vivre. Après deux mois de campagne foudroyante, Jeanne achève la mission que les « voix » lui avaient demandée : accompagner Charles VII à Reims et le faire sacrer roi de France.

Et ainsi elle fut menée et attachée, et en continuant les louanges et lamentations dévotes envers Dieu et ses saints, jusqu'au dernier mot. En trépassant, elle cria à haute voix : « Jésus.»

1431

(Procès de réhabilitation de Jeanne d'Arc)

Jeanne est brûlée à Rouen sur la place du Vieux-Marché, accusée d'hérésie par le tribunal de l'Inquisition. Les Bourguignons l'ont capturée et l'ont vendue aux Anglais, leurs alliés, qui occupent encore la Normandie. Charles VII reprendra cette province quand il fera la paix avec le duc de Bourgogne.

Monseigneur le duc d'Alençon, tenu en la somme de 4 261 livres, 9 sous, 7 deniers pour draps de soie.

Livre de Créances de Jacques Cœur

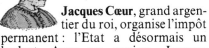

Jacques Cœur, grand argentier du roi, organise l'impôt permanent : l'Etat a désormais un budget. Avec ses navires, Jacques Cœur, fait du commerce avec l'Orient.

La dernière bataille

1453

Les Anglais sont battus à Castillon. La guerre finit par là où elle avait commencé, en Guyenne, dont la possession avait été le motif de la guerre entre Philippe VI et Edouard II.

La pluie nous a débués et lavés,
Et le soleil desséchés et noircis ;
Pies, corbeaux, nous ont les yeux cavés,
Et arraché la barbe et les sourcils.

François Villon

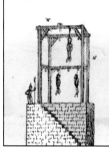

Les bains publics et les universités fleurissent. Celles de Paris, d'Aix, de Caen et maintenant de Bordeaux, qui se trouvaient en zone de domination anglaise, reviennent dans le royaume de France.

Le Moyen Age s'achève

1461

JE NE VEUX PLUS DE SEIGNEURS TROP PUISSANTS DANS LE ROYAUME

MALÉDICTION LA FÉODALITÉ EST FINIE

DIEU SOIT LOUÉ C'EST LA FIN DE LA FÉODALITÉ

Louis XI, « universelle araignée » disent ses adversaires, est un roi moderne : il voudrait bien que la

noblesse s'intéresse un peu moins à la chasse et un peu plus à l'industrie.

A Picquigny près d'Amiens, trois cents chariots chargés des meilleurs vins l'ont aidé à faire la paix avec le roi d'Angleterre. Que chacun reste chez soi avec la Manche au milieu. Son ennemi, Charles le Téméraire, qui rêvait d'être roi de France, meurt. C'est la fin des luttes avec les Bourguignons.

Et, disait le roi, en se moquant, qu'il avait plus aisément chassé les Anglais que n'avait fait son frère, car il les avait chassés à force de manger pâtés de venaison et boire de bon vin.

Jean de Roye

Charles le Téméraire

53

Les grandes découvertes

1470

O*LEGANTIA*
inuentũ, & *à*
latinitatem, expla
LATINITAS e
quæ *fermonẽ puru*
remotum? ut necp f

Premier livre imprimé
à Paris : *La Rhetorica*
de Guillaume Fichet.

Bananes, ananas,
chocolat, tabac :
grâce à
Christophe Colomb,
du nouveau dans
l'épicerie.

Guillaume Fichet, recteur de l'université de Paris fait venir trois imprimeurs de Mayence où Gutenberg vient d'imprimer la Bible et leur installe dans la Sorbonne un atelier typographique. Quelques années plus tard, en 1492 Christophe Colomb rentrera des Antilles, les cales chargées de produits exotiques qui finiront bien par arriver chez nous.

En attendant, les Français vont occuper la Bretagne ; le nouveau roi Charles VIII a épousé Anne de Bretagne. Finie l'indépendance.

Le voyage en Italie

FAITES-MOI PENSER A FAIRE VENIR QUELQUES ARCHITECTES ITALIENS EN FRANCE

Charles VIII décide d'aller libérer quelques villes italiennes encore soumises à des tyrans. Les Français sont follement acclamés. Malheureusement certains soldats, par leurs pillages, se rendent insupportables auprès des populations. Les Vénitiens s'en mêlent et l'armée royale doit retraverser les

Alpes. Non sans emporter quelques souvenirs inoubliables qui enrichiront les collections de nos châteaux et feront connaître aux Français l'Antiquité et la Renaissance italienne.

Celui qui a bien vu l'Italie ne peut jamais être tout à fait malheureux.

Goethe

Le chevalier sans peur

1504

A Rome,
la Renaissance
est à son sommet.
Michel-Ange peint
la création du monde
sur le plafond
de la chapelle Sixtine.
Il lui faudra
plus de quatre ans
pour présenter
son ouvrage
au pape Jules II
et aux Romains.

Bayard, seul contre cent sur le pont de Garigliano couvre les arrières de l'armée française.

C'est le parfait chevalier, « sans peur et sans reproche », défendant tant son roi que la vertu des dames.

Ce Savoyard a d'ailleurs de qui tenir : quatre de ses ancêtres sont morts sous les armes pendant les combats de la guerre de Cent Ans.

Il avait accompagné Louis XII qui, comme son cousin Charles VIII, avait plusieurs fois voulu conquérir l'Italie. Mais chaque fois, la conquête s'était transformée en retraite.

Louis XII mourra à 53 ans. Son gendre et cousin, François Ier lui succède. Il est superbe, il a 21 ans.

Marignan

1515

François Ier rencontre les Suisses du cardinal de Sion à Marignan, pas loin de Milan. La bataille, terrible, durera deux jours. Elle fera 20 000 tués, mais un « traité de paix perpétuelle » sera signé avec les Suisses. Cette bataille rentre dans la légende et Clément Janequin la mettra en musique.

Ces campagnes en Italie ouvrent les yeux des Français sur les merveilles de ce pays : maisons, jardins, sculptures, peintures mais aussi musique et littérature. L'esprit de la Renaissance va remonter en France et gagner toute l'Europe.

*Je me ferai savant
en la philosophie,
En la mathématique,
et médecine aussi :
je me ferai légiste,
et d'un plus haut souci
Apprendrai les secrets
de la théologie .*

Joachim du Bellay

La Renaissance en France

J'AI UN PROJET À CHAMBORD. J'AIMERAI AVOIR VOTRE AVIS...

La belle Ferronnière

Les curés devront tenir le registre des baptêmes, sans oublier d'y inscrire le jour de la naissance.

Rentré en France, François Ier s'installe au château d'Amboise. A ses côtés, venu d'Italie, un invité célèbre : Léonard de Vinci, nommé « premier peintre, ingénieur et architecte du roi ». D'autres artistes viendront d'Italie : le Primatrice, Benvenuto Cellini.

A la cour, le style change, « Sa Majesté » devient la formule obligatoire pour s'adresser ou parler du roi. François Ier est également amateur de la langue française. Son valet de chambre, Clément Marot, est aussi poète.

Il fonde le Collège de France et ordonne aux notaires et aux juges de rédiger leurs actes en français et non plus en latin.

L'adversaire de Pavie

1525

> J'AI L'OR DES AMÉRIQUES, RAPPORTÉ PAR COLOMB ET PAR PIZARRE, ET IL NE M'A PAS COÛTÉ CHER

> CE ROI EST TROP ! IL M'AGACE...

Charles Quint, roi d'Espagne, empereur d'Allemagne et d'Autriche, règne aussi sur les Flandres. Il souhaite une « Europe universelle » dont il serait le chef. L'Italie l'intéresse, lui aussi. L'armée française rencontre celle des Espagnols à Pavie : c'est la défaite. Sur 26 000 Français engagés, 10 000 sont tués, comme le fameux capitaine de La Palice, ou faits prisonniers comme le roi qui, tel Bayard, ne recule jamais :
Tout est perdu fors l'honneur.

Au Camp du Drap d'or, à Calais, François Ier avait proposé une alliance à Henri VIII d'Angleterre pour battre Charles Quint, mais les Anglais, méfiants, avaient refusé.

Magellan a entrepris le tour du monde et, toujours pour le compte de Charles Quint, Pizarre est allé chercher l'or des Incas.

La Réforme

Ignace de Loyola crée la Compagnie de Jésus, vouée à l'obéissance au pape.

Martin Luther, moine allemand, se place hors de l'autorité du pape et fonde l'Église réformée, pour prier en commun sans décors coûteux ni chasubles dorées. Raison de cette dissidence : le pape qui, ayant besoin d'argent pour terminer la construction de Saint-Pierre de Rome, vend des Indulgences. C'est-à-dire le pardon des péchés contre de l'argent ! En France, c'est Jean Calvin qui va prêcher la religion réformée des « protestants ».

Jacques Cartier découvre Terre-Neuve et le Saint-Laurent.

A la cour, les tournois se pratiquent toujours : Henri II meurt d'un coup de lance reçu dans l'œil.

Les guerres de religion

François de Guise prend la tête d'un mouvement : selon lui, les protestants qui se recrutent parmi les gens souvent les plus riches et les plus travailleurs, deviennent trop nombreux et trop puissants. Il faut les interdire !

La régente, Catherine de Médicis, serait plus tolérante. Mais un dimanche, à Wassy, en Champagne, des bagarres éclatent : les gens de François de Guise massacrent soixante-quatorze protestants réunis pour l'office, dans une grange. La guerre entre les papistes et les huguenots (les catholiques et les protestants) ne fait que commencer.

Le pont de Notre-Dame à Paris. Il est en pierre et bordé de soixante-huit maisons.

L'année suivante, c'est au tour de François de Guise d'être assassiné, près d'Orléans, par un protestant.

61

La Saint-Barthélemy

1572

23 août à minuit. Les cloches de Saint-Germain-l'Auxerrois donnent le signal : trois mille protestants sont massacrés à Paris, trente mille dans toute la France. Charles IX, la reine mère qui n'est plus tolérante et les Guise pensent en terminer avec les réformés. Dix-huit ans plus tard, le duc de Guise, le Balâfré, a pris tant d'importance qu'Henri III le fait assassiner. Ce qui vaudra au roi l'année suivante de tomber à son tour sous les coups d'un catholique en colère, le moine Jacques Clément.

La mode est aux Pénitents : les motifs de demander pardon à Dieu ne manquent pas.

Henri IV

1594

Henri IV entre à Paris. Lointain cousin d'Henri III et seul héritier, il est aussi chef des protestants. Il est donc loin de faire l'unanimité. Mais *Paris vaut bien une messe* et le nouveau roi change de religion. Bientôt l'Édit de Nantes égalisera les droits des catholiques et des protestants.

Nouvelle source de revenus pour l'Etat : la fonction des magistrats pourra, contre de l'argent, devenir héréditaire. C'est la « Paulette » et le début de la « noblesse de robe ».

En secondes noces, Henri IV épouse Marie de Médicis, mauvais caractère mais riche héritière. Son premier mariage, raté, avec la sœur du défunt roi lui avait au moins permis d'échapper au massacre de la Saint-Barthélemy.

Le redressement

> JE SOUHAITE QUE TOUS LES PAYSANS MANGENT DE LA POULE AU POT CHAQUE DIMANCHE

> VOILÀ UNE JOLIE FORMULE QU'IL NE FAUDRAIT PAS OUBLIER !

Avec le fidèle Sully, Henri IV entreprend la remise en ordre du pays, très appauvri. Les tâches sont réparties : aux catholiques la politique extérieure, aux protestants l'économie et les finances. Les industries sont relancées : la soie à Paris, où 20 000 mûriers sont plantés dans le jardin des Tuileries, la tapisserie aux Gobelins, les dentelles à Senlis, les draperies à Reims.

Champlain fonde la colonie du Canada et la ville de Québec.

Les militaires au chômage relancent les jeux : le trictrac est très à la mode.

L'assassinat d'Henri IV
1610

Le meurtrier, **Ravaillac**, a profité d'un embouteillage dû à une charrette de foin, rue de la Ferronnerie pour frapper le roi dans son carrosse. Il trouvait Henri IV trop doux avec les huguenots et jure avoir agi seul. Pourtant nombreux sont ceux, des deux côtés, qui voulaient voir disparaître le roi...

Marie de Médicis est déclarée régente. Son premier soin est de renvoyer Sully et de le remplacer par un vieil ami, son mauvais ange Concino Concini, aventurier sans scrupules.

Le mécontentement est grand. Aussi les premières décisions de Louis XIII seront-elles de faire assassiner Concini, arrêter son épouse et la faire brûler pour sorcellerie, et enfin, d'emprisonner la reine mère à Blois.

Concini et sa femme Leonora Galigaï.

Comme le Pont-Neuf, la place des Vosges est édifiée à la demande d'Henri IV.

Richelieu

1624

Les impôts sont lourds, les paysans se révoltent. Les Croquants dans le Périgord, les Nu-Pieds en Normandie.

Louise de Marillac fonde l'ordre des Filles de la Charité.

Louis XIII inaugure un nouveau mode de gouvernement : le roi est le maître absolu mais c'est le ministre qui, en son nom, décide et agit seul. Première tâche : ruiner la puissance politique des protestants, qui sont devenus un « Etat dans l'Etat ». Pour faire le siège de leur capitale, La Rochelle, Richelieu fait construire une immense digue flottante fermant la mer. La ville, affamée, se rendra au bout d'un an.

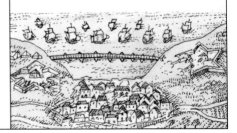

66

1643

Mort de Louis XIII. La reine, la belle Anne d'Autriche, devient régente, le petit Louis XIV n'ayant que quatre ans et demi. Le cardinal Mazarin est confirmé dans ses fonctions de premier ministre, ainsi que son prédecesseur l'avait souhaité.

Richelieu était mort quelques mois plus tôt, de fatigue. Il avait restauré l'autorité royale. Il avait aussi déjoué pas mal de complots, démantelé de nombreux châteaux forts, puni les nobles qui perdaient leur temps à se battre en duel, créé une armée de métier, permanente.

Il avait enfin fondé l'Académie française, pour fixer le bon usage de notre langue.

La cour réside à Saint-Germain-en-Laye et la mode est aux dentelles.

67

La Fronde

5 janvier 1649

> M'OBLIGER A FUIR! LE PARLEMENT SE CROIT TOUT PERMIS

> QUANT A NOUS, NOUS N'AURONS PLUS DE MINISTRE

Le salon de madame de Rambouillet

est le temple de l'esprit parisien.

La reine et le jeune roi sont contraints de fuir Paris, la nuit. Depuis le mois d'août précédent, la noblesse et le parlement contestent l'autorité de la reine et de Mazarin. De la première parce qu'elle est une femme, du deuxième parce qu'il est italien. Le cardinal devra partir lui aussi, sa tête étant mise à prix 150 000 francs. Majeur à quatorze ans, Louis XIV fera un retour triomphal à Paris. C'est le roi, les esprits se calment. A la mort de Mazarin, son premier acte d'autorité sera de faire arrêter Fouquet, surintendant des finances un peu trop riche, par le comte d'Artagnan, capitaine des mousquetaires.

Nicolas Fouquet

La monarchie absolue

1661

MONSIEUR COLBERT, MONSIEUR DE LOUVOIS, SOYEZ NOS BONS CONSEILS !

Louis XIV décide, seul, de tout, entouré de conseillers choisis dans la haute bourgeoisie depuis longtemps au service de l'État. Colbert, d'une famille de financiers et marchands internationaux, instaure une économie cherchant des bénéfices par l'exportation. Louvois, fils de chancelier, organise une armée de 170 000 hommes en uniformes, fixe les grades et les avancements.

Les nobles sont invités à se ruiner dans les fêtes somptueuses. Le roi est le premier à donner l'exemple.

Madame de Montespan

L'Hôtel des Invalides

Les *Plaisirs de l'Ile enchantée* à Versailles.

Le Roi-Soleil

1682

Louis XIV, représentant de Dieu et Roi-Soleil, installe la cour à Versailles, où il a lui-même dirigé la construction du château. *Les peuples se plaisent au spectacle. Par là, nous tenons leur esprit et leur cœur.* Comédies, bals,

feux d'artifices, féeries, tout éblouit. Dans ce concert brillant, parfois quelques fausses notes : la marquise de Brinvilliers et la Voisin sont un moment les marchandes d'une « poudre de succession », mélange d'arsenic et de bave de crapaud, commode pour hâter les héritages.

Le Chat botté, de Charles Perrault

L'hégémonie

VAUBAN, CONSTRUISEZ DES PLACES FORTES DANS LES FLANDRES

ET VOUS TURENNE CONDUISEZ MES ARMÉES

Le roi conduit la guerre pour élargir son autorité. L'armée française occupe la Lorraine, combat en Hollande, prend la Franche-Comté, annexe Strasbourg, occupe le Luxembourg. La France devient le centre politique de l'Europe.

Les opposants, s'ils ne sont pas mis en prison comme le Masque de Fer sont invités à se convertir, comme les Protestants, par les dragons de Louvois.

Vingt mille se convertiront, en trois semaines, rien que dans la région de Montauban.

La Comédie Française est fondée en 1860.

Le départ des protestants
1685

Pour la visite du roi à Saint-Cyr, fondé par Madame de Maintenon, les jeunes filles chantent un hymne.
Il deviendra le God save the King.

L'Édit de Fontainebleau révoque l'Édit de Nantes. Le culte protestant est interdit. Louis XIV souhaite pour la France une religion unique, catholique, garantie d'ordre et de stabilité. Il pense que tous les protestants ont été convertis par la persuasion, les rares restants n'étant que d'opiniâtres mauvaises têtes. C'est une erreur irréparable : deux cent mille calvinistes, leur intelligence, leur savoir-faire et avec eux deux millions d'argent, vont émigrer vers la Hollande et le Brandebourg.

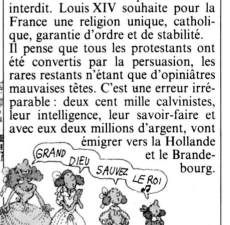

La fin du règne

1709

Dans les campagnes, c'est la misère. Les paysans sont accablés d'impôts. Par malchance l'hiver a été redoutable : toutes les récoltes ont gelé, c'est la disette.

Le maréchal de Villars, avec une armée mal vêtue et peu nourrie, résiste difficilement aux Anglais.

Colbert et Louvois sont morts. Le roi n'écoute plus personne. Vauban a le courage de publier un projet d'impôt sur le revenu, ce qui lui vaut sa disgrâce.

En deux ans, le fils, le petit-fils, l'arrière-petit-fils de Louis XIV meurent de maladies. Et lorsque le roi meurt à son tour, en 1715, son arrière-petit-fils, Louis XV, n'a que cinq ans.

Derniers calvinistes, les Camisards résistent, dans les Cévennes : 460 de leurs villages sont détruits.

Emigré en Allemagne, Denis Papin dessine les plans d'une machine à vapeur. La révolution industrielle s'annonce, mais pas en France.

Les billets de banque

1719

La monnaie de papier fait son apparition. Elle est émise par la « Compagnie perpétuelle des Indes » qui doit faire d'énormes bénéfices en exploitant la Louisiane et les Antilles. C'est l'idée que l'Ecossais John Law a proposé au Régent pour sauver les finances publiques. Tout marche bien jusqu'au jour où les actionnaires, perdant confiance, demandent tous à être remboursés en même temps...

Le Régent Philippe d'Orléans, oncle du jeune Louis XV : le retour à une monarchie plus parlementaire.

La Louisiane, le long du Mississipi a maintenant une capitale : la Nouvelle-Orléans.

1777 La Fayette et quatorze compagnons s'embarquent sur *la Victoire* pour aller aider les Américains dans leur lutte pour l'indépendance.

CERTAINS PRÉTENDENT MÊME QUE L'HOMME SERAIT NATURELLEMENT BON···

EST-CE POSSIBLE?

CETTE NOUVELLE PHILOSOPHIE C'EST D'UN PIQUANT

Le siècle des lumières.

La philosophie passionne les salons. Le monde change et chacun veut comprendre. L'absolutisme politique ou religieux ne satisfait plus personne. Montesquieu et Voltaire vantent les mérites du régime constitutionnel des Anglais. Rousseau verrait un État plus champêtre, fondé sur l'égalité. La curiosité pour les sciences est également très vive : physique, chimie, mécanique, chacun veut savoir « comment ça marche ». Les planches techniques de l'Encyclopédie ont un grand succès.

L'Encyclopédie de Diderot et d'Alembert

1768 La Corse est achetée aux Génois.

Un an plus tard, chez les Bonaparte, vieille famille d'Ajaccio, arrivée de Napoléon.

1766 Mozart visite Paris, il a dix ans.

La veille de la Révolution

1788

Une « pompe à feu », une machine à vapeur est installée à Chaillot

pour distribuer l'eau potable.

Pour le peuple, c'est la famine. Pour l'État, les dépenses sont supérieures aux recettes depuis longtemps ; c'est la banqueroute. Une assemblée de notables ne connaissant rien aux finances refuse toute amélioration du système des impôts. Le roi Louis XVI en vient à convoquer les **États Généraux**, assemblée exceptionnelle où les trois ordres qui composent la nation, – la noblesse, le clergé et le tiers état – sont représentés, mais pas en nombre proportionnel.

Les États Généraux

1789

5 mai. Louis XVI ouvre la séance des États Généraux, à Versailles. Sont présents : 330 députés pour la noblesse, 326 pour le clergé (dont 106 prélats) et 661 députés du tiers état qui représentent, à eux seuls, 96 % de la nation. Le sujet est le vote de nouveaux impôts. Le tiers état demande qu'on vote par tête et non par ordre. Le roi fait évacuer la salle.

19 juin. Les députés proposent de se réunir dans la salle du Jeu de Paume.

Jussieu organise le Jardin des Plantes, à Paris.

20 juin. Bailly lit le serment de ne se séparer qu'après avoir donné une constitution à la France.

Allez dire à ceux qui vous envoient que nous sommes ici par la volonté du peuple, et que nous n'en sortirons que par la force des baïonnettes. (Mirabeau, au représentant du roi qui veut dissoudre les états généraux).

La prise de la Bastille

Une des clefs de la Bastille.

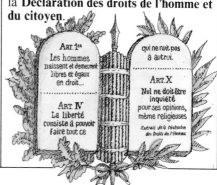

L'un des prisonniers libéré, M. de Romagne, est un poète. Il était détenu depuis 40 ans.

La Bastille avait été construite en 1370. Hugues Aubriot, prévôt des marchands, en avait posé la première pierre. Il y fut aussi le premier enfermé, accusé d'hérésie.

14 juillet. Le peuple de Paris s'arme et prend la forteresse de la Bastille, symbole du pouvoir arbitraire, vieille prison où celui qui avait déplu au roi pouvait être enfermé, sans jugement et pour un temps indéterminé. L'attaque coûte aux Parisiens 98 morts et 70 blessés. Le 26 août, l'Assemblée vote la **Déclaration des droits de l'homme et du citoyen**.

ART 1ᵉʳ
Les hommes naissent et demeurent libres et égaux en droit...

ART IV
La liberté consiste à pouvoir faire tout ce

qui ne nuit pas à autrui.

ART. X
Nul ne doit être inquiété pour ses opinions, même religieuses

Extrait de la Déclaration des Droits de l'Homme

La fuite du roi

1791

Dans le nuit du 20 au 21 juin.
Louis XVI, déguisé en valet de chambre, est arrêté avec sa famille, à **Varennes**, alors qu'il s'enfuit vers la frontière. Le roi avait été reconnu à son passage à Sainte-Menehould, par le maître de poste Drouet. **1792, 24 avril.**

Le capitaine du génie Rouget de l'Isle, en garnison à Strasbourg, compose, au cours d'un dîner chez le maître M. de Dietrich, un hymme qu'il intitule *Chant de guerre de l'Armée du Rhin*.

Deux mois plus tard, des volontaires venus de Marseille le chanteront, ce sera *la Marseillaise*.

Tremblez, tyrans ! et vous, perfides,
L'opprobre de tous les partis.
Tremblez ! vos projets parricides
Vont enfin recevoir leur prix ! (bis)

Rouget de Lisle

Valmy

1792

VIVE LA NATION, ALLONS VAINCRE POUR ELLE !

Deux ans après Valmy, à Fleurus en Belgique, les aérostiers de la République, dans leur ballon d'observation, seront pour beaucoup dans la victoire.

20 septembre. Les soldats de la nation, dans un grand élan patriotique, mettent l'armée prussienne en déroute. La patrie était en danger d'invasion, et les Français se considèrent les champions de la lutte contre tous les absolutismes. A Paris, le roi a été déchu. Lui et sa famille sont détenus à la prison du Temple.

L'année suivante, par 387 voix contre 334, il sera condamné à mort et guillotiné.

Le système métrique est adopté.

Le Muséum d'Histoire naturelle est fondé, et aussi l'École normale supérieure, l'École polytechnique, l'Institut de France.

L'An I de la République

1792

25 septembre. La Convention déclare la République française une et indivisible. Les sans-culottes, sont l'extrême gauche de la gauche représentée par les Jacobins (Danton et Robespierre) qui se retouvent à l'Assemblée en « Montagnards » opposés aux « Girondins » plus conservateurs.

Marat, esprit curieux passionné de physique et d'électricité, est maintenant journaliste. Dans son *Ami du peuple*, il tient des propos d'une rare violence, incessants appels à l'émeute et au massacre.

Une jeune fille de Caen, Charlotte Corday, lui demande un rendez-vous. Elle est en fait une amie des Girondins. Avec un couteau acheté le matin même, elle le tue.

O Marat, père et unique espérance de la patrie, seriez-vous insensible comme tous les tyrans !...
Vous ne refuserez pas d'entendre une femme malheureuse...
Hélas ! quand vous ne m'accorderiez que deux minutes, je vous assure que vous ne vous repentiriez pas.
Charlotte Corday

La Terreur

An II (1794)

A FORCE D'Y ENVOYER LES AUTRES, ÇA LUI PENDAIT AU NEZ

La cathédrale de Paris est devenue le Temple de la Raison. Début juin, aux Tuileries, Robespierre organisait la Fête de l'Être Suprême.

Les arbres de la liberté. En l'honneur de la République, des dizaines de milliers ont été plantés.

10 Termidor (28 juillet). Robespierre est exécuté ainsi que cent cinq de ses partisans. Avec Danton et Saint-Just il avait créé le Comité de salut public et, suspectant des trahisons partout, organisé la Terreur. Des dizaines de milliers de personnes ont été fusillées, noyées, guillotinées, dans tout le pays. La chute de Robespierre marque le retour à une vie plus calme.

La Vendée restera longtemps le refuge des royalistes hostiles à la République, avec des chefs résolus comme François de Charette.

VIVE LE ROI

Le Consulat

An VIII (1799)

18 brumaire (10 novembre). Coup d'État. Le général Napoléon Bonaparte se fait nommer premier consul. Il a tous les pouvoirs et remplace, seul, les cinq directeurs et les deux assemblées du Directoire, qui avaient remplacé la Convention.

Talleyrand, ancien évêque devenu ministre des relations extérieures, et qui a aidé Bonaparte à préparer son coup d'État, conserve son emploi.

Le Code Napoléon

CODE CIVIL
DES
FRANÇAIS

AN XII 1804

DE L'IMPRIMERIE
DE LA RÉPUBLIQUE

1798 le Directoire envoie Bonaparte en Egypte avec 35 000 hommes. C'est un échec militaire, mais la decouverte d'une civilisation

L'Empire

1804

NOUS AVONS VU SE LEVER LE SOLEIL D'AUSTERLITZ

La route du Simplon est achevée.

L'impératrice Marie-Louise et le roi de Rome.

18 mai. Plébiscité par 3 572 000 voix contre 2 579, Bonaparte est devenu « empereur à vie » des Français. Le 2 décembre Napoléon Ier est sacré à Notre-Dame par le pape Pie VII. L'épopée commence. Les pays voisins se méfient de cet ancien général, réputé invincible. Ils se coalisent. Pourtant, les armées de Napoléon iront de victoire en victoire : Austerlitz, Iéna, Eylau, Friedland, Wagram.

Ce siècle avait deux ans... Victor Hugo est né.

L'Empire impose sa volonté économique et politique à toute l'Europe, sauf à l'Angleterre, sa vieille ennemie, toujours première sur les mers.

La fin de l'Empire

1815

15 juillet. Napoléon, prisonnier des Anglais, embarque sur *le Bellerophon*, vers Sainte-Hélène.

Les ennuis ont commencé en 1812, lorsque la plus grande armée jamais réunie, 600 000 hommes, 18 000 chevaux, a envahi la Russie. Surprise par l'hiver, elle est contrainte à la retraite. La Prusse et l'Autriche se soulèvent, les coalisés entrent à Paris. Napoléon abdique et part pour l'Ile d'Elbe, d'où il revient pour prendre le pouvoir pendant cent* jours. Mais c'est la défaite à Waterloo.

Les Russes ont incendié Moscou.

A Sainte-Hélène Las Cases recueille les mémoires de l'empereur.

Au passage de la Bérézina, la moitié de la Grande Armée parvient à passer.

La Restauration

1830

Le consul M. Duval et le dey Hussein Pacha.

Le roi Louis XVIII.

5 juillet. 11 vaisseaux, 24 frégates, 7 corvettes et d'autres unités, en tout 107 bâtiments, arrivent en vue d'Alger. 40 000 hommes s'emparent de la ville. Prétexte à l'expédition : un coup de chasse-mouches reçu trois ans plus tôt par le consul de France du Dey d'Alger.

La conquête fait aussi diversion à la politique très impopulaire de Charles X.

En 1815, à la chute de l'Empire, Louis XVIII, frère de Louis XVI, rentrait d'exil. La monarchie était rétablie comme si 23 années ne s'étaient pas passées...

Champollion déchiffre les hiéroglyphes grâce à la pierre de Rosette rapportée d'Egypte.

Les Trois Glorieuses

1830

QUE LA LIBERTÉ GUIDE LE PEUPLE !

27, 28, 29 juillet. Les Parisiens, les armes à la main, descendent dans la rue. L'esprit de la Révolution renaît pour défendre la liberté, attaquée par les ordonnances sur la presse que vient de signer Charles X.

Second frère de Louis XVI, il a succédé à Louis XVIII et gouverné avec le parti ultra-royaliste. Il est contraint d'abdiquer et de retourner en exil.

La France compte maintenant plus de 32 millions d'habitants dont environ quatre-vingt pour cent de paysans qui ne vivent toujours pas mieux qu'avant la Révolution. La viande est rare et le pain blanc se mange les jours de fête.

Un gouvernement provisoire et un congrès national proclament l'indépendance de la Belgique.

« Cruche dont les Jésuites se servaient pour leurs approvisionnements ». Caricature de Charles X, très dévôt.

La Monarchie de Juillet

1842

Talleyrand, premier ministre  sous Louis XVIII, est maintenant ambassadeur à Londres.

Louis-Philippe dessiné en poire.

(D'après Philippon).

Une loi organise l'exploitation des chemins de fer : la révolution industrielle démarre. La bourgeoisie s'enrichit. Le duc d'Orléans a été proclamé roi des Français douze ans plus tôt sous le nom de **Louis-Philippe**. La monarchie est constitutionnelle et le drapeau redevenu tricolore.

Balzac a écrit *Eugénie Grandet* et *Le Père Goriot*. Mais il y a aussi Stendhal, Victor Hugo, Alexandre Dumas, George Sand et Musset... On applaudit Chopin et Berlioz... Delacroix expose et Daumier dessine ses contemporains.

La Révolution de 1848

24 février. 52 morts, boulevard des Capucines, à la suite d'une fusillade. 500 barricades dans Paris. Les insurgés veulent le suffrage universel. Ils réclament aussi du travail : c'est la crise économique et les faillites sont nombreuses.

La Presse, le premier grand quotidien, publie un nouveau feuilleton : *Mémoires d'outre-tombe*, de Chateaubriand.

Le député Lamartine, ainsi que Louis Blanc et Ledru-Rollin, proposait depuis longtemps les réformes nécessaires pour améliorer la condition des ouvriers. Louis-Philippe abdique. Lamartine forme un gouvernement provisoire républicain.

Le second Empire

Un câble
télégraphique relie
Douvres et Calais.

1860
Nice et la Savoie
sont rattachées
à la France.

2 décembre, coup d'État : Louis-Napoléon Bonaparte, élu trois ans plus tôt président de la République, appelle les Français à un plébiscite qui lui confie tous les pouvoirs. L'année suivante, l'empire est rétabli, le neveu de Napoléon prend le titre de **Napoléon III**.

La France va entrer dans l'ère industrielle. A côté des grandes banques, de nouveaux organismes de crédit, ouverts à l'épargne du public, vont financer les grands chantiers : 18 000 km de voies ferrées, de canal de Suez, des aciéries...

La campagne se dépeuple, les habitants des villes vont doubler.

Victor Hugo publie
Les Misérables.

90

> *Le développement intellectuel et moral des individus ne marche pas aussi vite que le développement de leur existence matérielle, et la Révolution n'a pas réparti les lumières avec autant de rapidité et d'égalité que les fortunes.*
>
> François Guizot

CES MAGASINS POUR NOUS LES DAMES, C'EST LE BONHEUR

Paris a de grands magasins et le préfet Haussmann ouvre les grandes avenues.

L'Exposition universelle de 1867, sur le Champ de Mars, accueille 42 217 exposants et 11 millions de visiteurs. La même année, Karl Marx publie *Le Capital*, deux ans plus tard, Zénobe Gramme invente la dynamo électrique : deux événements qui vont bientôt modifier le monde.

L'armée française aide l'Italie de Cavour et de Garibaldi à réaliser l'unité autour du roi Victor-Emmanuel II, en chassant les occupants autrichiens.

91

L'invasion

Pendant le siège de la capitale, Gambetta monte en ballon pour communiquer avec la province. Autre moyen : le pigeon voyageur, un message microphotographié attaché à la patte.

2 septembre. Les Prussiens ont envahi la France, l'armée capitule à Sedan, l'empereur est fait prisonnier. Napoléon a déclaré la guerre à la Prusse, craignant que Bismarck ne fasse de l'Allemagne unifiée un État trop puissant. L'armée française a les meilleurs fusils, mais de vieux canons. Les Allemands, un canon en acier et de meilleurs stratèges. La république est proclamée, un gouvernement de Défense nationale est constitué. Il se réfugie à Bordeaux. Le siège de Paris commence.

La Commune

22 mai. Dans Paris incendié, les Versaillais entrent et fusillent tous ceux trouvés les armes à la main. C'est la dernière semaine de la Commune, elle sera sanglante.

Tout a commencé le 18 mars, quand Thiers qui négocie avec les Prussiens depuis Versailles, envoie un détachement récupérer les canons que les Parisiens ont payés par souscription, pour leur défense. Deux généraux sont fusillés : le peuple de Paris entre en insurrection.

Pendant deux mois il tentera d'organiser le premier gouvernement populaire de l'histoire moderne.

« Monsieur Thiers et son ombre Bismarck. » (D'après André Gill)

Louise Michel, la «Vierge rouge » de la Commune est déportée en Nouvelle-Calédonie.

La Troisième République

1881

Grâce à Jules Ferry, l'école primaire est obligatoire et gratuite. Les enfants des familles pauvres sauront lire et écrire.

1880
Le 14 juillet a été déclaré Fête nationale.

Paris a maintenant plus de 2 millions d'habitants et un nouvel Opéra. Mais la France a dû céder l'Alsace et la Lorraine à l'Allemagne et lui payer un tribut de cinq milliards de francs-or.

Les tableaux de Degas, Monet, Cézanne, Renoir soulèvent l'hilarité.
Une œuvre de Monet est intitulée :
Impression, soleil levant.

Le Tonkin

Le capitaine de frégate Rivière tombe sous les coups des Pavillons noirs, bande de pirates insaisissables. Depuis dix ans la conquête du Tonkin, pays vassal de la Chine, pose des problèmes. L'amiral Courbet fera accepter un protectorat deux ans plus tard.
Les Français occupaient déjà Huê et Saigon, la Nouvelle-Calédonie, l'Algérie tout entière et le Sahara, la Tunisie, le Sénégal, la Guyane, les Antilles et Tahiti depuis longtemps.

La statue de la Liberté avant son départ pour les Etat-Unis.

Pasteur sauve de la rage Joseph Meister, 9 ans. Il avait déjà guéri les moutons de la maladie du charbon.

La Belle Époque

1889

Le capitaine Dreyfus est dégradé, accusé d'avoir livré des secrets militaires à l'Allemagne. Emile Zola participera à sa réhabilitation. Dreyfus était surtout coupable d'être juif.

Cinq Centimes
L'AURORE
J'Accuse...!
LETTRE AU PRÉSIDENT DE LA RÉPUBLIQUE
Par ÉMILE ZOLA

La tour Eiffel célèbre le centenaire de la Révolution tandis que l'automobile et la bicyclette s'apprêtent à résoudre le problème numéro un de la préfec-ture : net-toyer les rues du crottin de cheval.

1893. Un anarchiste lance une bombe à la Chambre des députés. Un autre, l'année suivante, poignarde le président de la République, Sadi-Carnot. Ceux qui ont de l'argent s'amusent. L'exposition de 1900 est une réussite. C'est la Belle Époque.

La famille Fenouil-lard.

Le socialisme

1913

Jean Jaurès prend la parole contre le service militaire de trois ans. La classe ouvrière s'organise, les grèves se succèdent : 1 300 rien que pour 1906. Mineurs, postiers, cheminots réclament avec la C.G.T., nouveau syndicat, la journée de 8 heures. Contre ceux qui veulent leur revanche sur la défaite de 70, Jaurès défend la paix. Il tente un accord avec les socialistes allemands : le soir du 31 juillet, il est assassiné. Le lendemain, la guerre commence.

Picasso, Braque, Juan Gris présentent une nouvelle peinture : le cubisme.

Nijinski, les Ballets russes et Stravinsky triomphent dans *Petrouchka*.

1910
La crue de la Seine transforme les rues de Paris en canaux.

La Première Guerre mondiale

1914

Les soldats vont en taxi : c'est la victoire

de la Marne.

Le *Lusitania** est coulé par un sous-marin allemand.

Chacun est parti pour une guerre courte et joyeuse. Les combats dureront quatre ans, dans la boue des tranchées, le froid, sous une pluie d'obus, au milieu des morts. Entre les nations regroupées en deux blocs, la France, la Grande-Bretagne, la Russie, d'une part, et l'Allemagne, l'Autriche-Hongrie, l'Italie, de l'autre, il a suffi d'un attentat (le meurtre de l'archiduc d'Autriche à Sarajevo) pour précipiter, par le jeu des alliances, toute l'Europe dans la guerre. Il y aura 9 millions de morts, dont un million et demi pour la France. Par la force des choses, les femmes vont sortir de la maison et découvrir le travail.

Les années folles

1925

Les femmes ont coupé leurs cheveux et raccourci leurs robes. Le jazz est arrivé avec les Américains. On danse le charleston et le tango. La carte de l'Europe aussi a changé : l'Alsace et la Lorraine ont été rendues à la France, la Yougoslavie, la Tchécoslovaquie, la Hongrie, la Pologne sont des pays indépendants.
24 octobre 1929. Panique à la Bourse de New York, entraînant faillites, suicides et chômage. La crise économique va gagner le monde entier.

Lénine est le théoricien de la révolution qui a éclaté en Russie en 1917.

Parmi les membres de la Croisière jaune : le père Teilhard de Chardin, philosophe et jésuite.

Le Front populaire

1936

A Nuremberg, 300 000 hommes dans l'uniforme du parti nazi acclament leur chef : « Heil, Hitler ! »

Deux semaines de congés payés pour tous les salariés ! Deux millions de grévistes, occupant leurs usines et paralysant le pays, ont encore obtenu la semaine de 40 heures. Les élections viennent de donner la majorité à la gauche et le gouvernement de Léon Blum comprend, pour la première fois, trois femmes ministres. Mais la production baisse de huit pour cent. La presse de droite lance une campagne antisémite qui vise Léon Blum. C'est la faillite financière. Le Front populaire n'a duré que 13 mois, mais un esprit neuf a soufflé.

En Allemagne, 6 millions de chômeurs et une inflation galopante ont permis à Hitler de prendre le pouvoir : les communistes sont arrêtés, les juifs malmenés, les Allemands invités à se réarmer.

La France entière chante avec Charles Trénet :
*Boum ! Lorsque mon cœur fait boum !
Tout avec lui dit boum !*

Septembre 1938. Edouard Daladier est acclamé à son retour de Munich. La paix est sauvée ! Il s'attendait à un accueil plus frais : l'accord franco-allemand de non-agression a été signé par Hitler en échange de l'invasion de la Tchécoslovaquie, un pays ami.

Autre motif pour la France d'être rassurée : le ligne Maginot. Ses fortifications le long de la frontière sont réputées infranchissables.

Un an plus tard, les troupes allemandes envahissent la Pologne. Défendant leur allié, la France et l'Angleterre déclarent la guerre à l'Allemagne.

Blanche-Neige, de Walt Disney

La ligne Maginot est équipée des canons les plus perfectionnés, mais qui ne peuvent se déplacer.

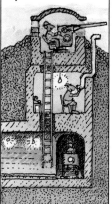

La Seconde Guerre mondiale

1940

La mode « zazou ».

Les cartes d'alimentation.

Contournant la ligne Maginot, l'armée allemande entre en France par la frontière belge, ses colonnes de chars appuyées par l'aviation. Le 14 juin, les Allemands sont à Paris et défilent sur les Champs-Élysées. Le maréchal Pétain, héros de Verdun, demande l'armistice.

De Londres où il s'est réfugié, un inconnu, le général de Gaulle lance le 18 juin un appel invitant les Français à résister ou à poursuivre la guerre en venant le rejoindre. Certains le feront, d'autres collaboreront avec l'occupant. La majorité pensera surtout à survivre.

La Gestapo fait arrêter les juifs par la police pour les déporter.

Le débarquement

1944

Le matin du 6 juin, les premières divisions anglaises, canadiennes et américaines débarquent en Normandie. La venue des renforts allemands est retardée par les bombardements alliés et

par les sabotages de la Résistance.
Paris est libéré le 25 août par les F.F.I.* et par l'armée Leclerc. Mais la guerre n'est pas finie et il y aura encore des combats très durs pour franchir le Rhin. L'armée soviétique entre à Berlin où Hitler se suicide : l'Allemagne capitule le 8 mai 1945. Le Japon signe sa réddition le 2 septembre. La Deuxième Guerre mondiale est finie.

Les derniers bombardements sur l'Allemagne sont terribles. Dresde brûle pendant une semaine. 135 000 personnes périront. Plus qu'à Hiroshima.

L'après-guerre

1945

La nouvelle Régie nationale des usines Renault lance un modèle de base, économique, pour répondre aux besoins essentiels : la 4 CV.

Le suffrage universel est étendu aux femmes.

A VOTÉ !

La France est reconstruite, aidée par le plan Marshall des Américains. Le général de Gaulle dirige un gouvernement provisoire. Il faut donner à la France la puissance énergétique que des compagnies concurrentes et dispersées ne peuvent fournir : la production de charbon, d'électricité et de gaz est nationalisée. Il faut aussi une nouvelle constitution. Celle que de Gaulle propose est refusée. Le général s'en va.

Par référendum, une autre est votée : la **IVe République** est née. Vincent Auriol en est le premier président.

C'est le régime des partis où, aucun n'ayant la majorité, les décisions ne peuvent se prendre qu'à la suite d'alliances fragiles. Les gouvernements se succèdent, c'est l'instabilité politique.

La décolonisation

Dien Bien Phu est tombé ! Le camp retranché de l'armée française, encerclé, a dû se rendre aux Viêt-minhs, les partisans qui réclament l'indépendance de leur pays, le Viêt-Nam. Les accords sont signés à Genève. La Tunisie, elle aussi ensuite, accède à l'autonomie.

La même année, une révolte éclate en Algérie, dans les Aurès d'abord, puis dans tout le pays. Mais là vivent un million de « pieds-noirs », depuis plusieurs générations. Pas question pour eux de quitter le sol natal. C'est le début d'une longue guerre entre l'armée et le Front de Libération National.

1957
Le traité de Rome officialise l'entente entre la République Fédérale d'Allemagne, les Pays-Bas, la Belgique, le Luxembourg, l'Italie et la France. C'est la Communauté Économique Européenne (C.E.E.)

La Ve République

1958

La France fut faite à coups d'épée.

Charles de Gaulle

En quittant l'Algérie, les pieds-noirs n'emmèneront souvent qu'une valise, laissant leur maison, leurs biens, leur entreprise derrière eux.

Le général de Gaulle s'adresse aux Français d'Algérie : « Je vous ai compris ! » Le 13 mai, les chefs de l'armée ont créé un comité de Salut Public, à Alger, refusant l'autorité de l'État.

Devant l'impuissance du gouvernement à rétablir l'ordre, le général de Gaulle s'est déclaré prêt à assumer le pouvoir. Il devient chef du gouvernement et fait adopter une nouvelle constitution.

C'est le début de la Ve République, la guerre n'est pas finie pour autant. Les attentats sont quotidiens. De Gaulle fait admettre le principe de l'autodétermination : le 15 juillet 1962, par référendum, le peuple algérien accède à l'indépendance.

Mai 68

LYCÉENS-ÉTUDIANTS-OUVRIERS MÊME COMBAT

BARRICADES : LA POLICE CHARGE

Au Quartier latin, manifestations et bagarres se succèdent. Les pavés volent, les voitures sont incendiées, le drapeau noir de l'anarchie flotte sur les toits.

« Métro, boulot, dodo » est le slogan qui résume la critique violente du mouvement étudiant sur la société de consommation.

Les ouvriers se mettent en grève, occupant les usines. Toute la France est paralysée. Le gouvernement, qui ne s'y attendait pas, est débordé.

Le général de Gaulle propose de nouvelles élections et le calme revient. Mais une réflexion nouvelle a secoué les esprits.

« L'atelier populaire » de l'École des Beaux-Arts imprime affiche sur affiche. Celles qui n'ont pas été collées sont chez les collectionneurs.

68 UNE TE NGEE

LA CHIENLIT C'EST LUI !

Le changement

François Mitterrand est élu président de la République. Il succède à Valery Giscard d'Estaing qui avait remplacé Georges Pompidou. La Vᵉ République montre la solidité de son fonctionnement : François Mitterrand est soutenu par les voix de la gauche, communistes compris, et l'alternance s'est effectuée sans désordres.

Dans les années 70, une crise économique sévit dans les pays industrialisés de l'occident. L'augmentation du prix du pétrole en a d'abord été la cause. D'autres difficultés ont surgi, et le chômage est devenu un fléau.

Georges Pompidou a laissé une œuvre : la création à Paris du Centre qui porte son nom. Un lieu où la culture est accessible à tous.

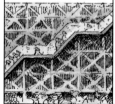

L'industrie française a souvent besoin d'être modernisée.

L'Europe

1984

Les dix pays de la Communauté Européenne ont envoyé chacun leurs députés au Parlement Européen. Aux six premiers pays s'étaient joints le Royaume-Uni, l'Irlande, le Danemark et la Grèce. Depuis, sont encore venus l'Espagne et le Portugal. L'Assemblée européenne n'a encore aucun pouvoir législatif et chaque pays a son gouvernement. La Communauté parle un grand nombre de langues différentes. Mais elle a déjà une monnaie, l'Écu, et un même passeport.

Le drapeau de l'Europe : douze étoiles sur fond bleu. L'hymne : *l'Ode à la joie*, paroles de Schiller, musique de Beethoven.

Il n'y a pas si longtemps, notre pays et ses voisins s'affrontaient dans des guerres incessantes et meurtrières. L'histoire de France se poursuit ; elle fait désormais partie de celle d'une nation plus grande : l'Europe.

L'évolution de la France

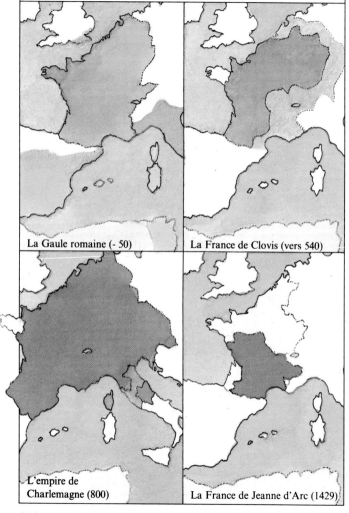

La Gaule romaine (- 50)

La France de Clovis (vers 540)

L'empire de
Charlemagne (800)

La France de Jeanne d'Arc (1429)

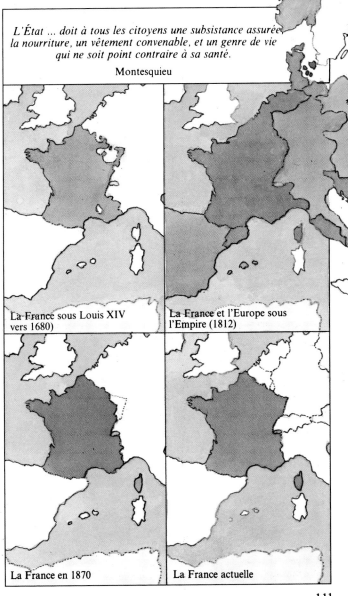

L'État ... doit à tous les citoyens une subsistance assurée, la nourriture, un vêtement convenable, et un genre de vie qui ne soit point contraire à sa santé.

Montesquieu

La France sous Louis XIV vers 1680)

La France et l'Europe sous l'Empire (1812)

La France en 1870

La France actuelle

Les souverains et les chefs d'État de la France

MÉROVINGIENS
457 Childéric Ier
481 Clovis Ier
511 Thierry Ier
(Metz)
Clodomir
(Orléans)
Childebert Ier
(Paris)
Clotaire Ier
(Soissons)
524 Clotaire Ier
(Orléans)
534 Thédobert Ier
(Metz)
548 Théodobald
(Metz)
553 Clotaire Ier
(Metz)
558 Clotaire Ier
(Paris)
561 Sigebert
(Metz)
Caribert Ier
(Paris)
Chilpéric Ier
(Neustrie,
Austrasie)
Gontran
(Orléans,
Bourgogne)
575 Childebert II
(Austrasie)
584 Clotaire II
(Neustrie)
593 Childebert II
(Bourgogne)
595 Thierry II
(Bourgogne)
Théodebert II
(Austrasie)

629 Dagobert Ier
(Neustrie,
Bourgogne)
634 Sigebert III
(Austrasie)
635 Clovis II
(Neustrie,
Bourgogne)
656 Childéric II
(Austrasie)
657 Clotaire III
(Neustrie,
Bourgogne)
675 Thierry III
(Neustrie,
Bourgogne)
676 Dagobert II
(Austrasie)
691 Clovis III
(Austrasie)
695 Childebert III
(Neustrie,
Bourgogne,
Austrasie)
711 Dagobert III
(Neustrie,
Bourgogne)
715 Chilpéric II
(Neustrie,
Bourgogne)
716 Clotaire IV
(Neustrie)
721 Thierry IV
(Neustrie,
Bourgogne)
743 Childéric III
(Neustrie)

CAROLINGIENS
751 Pépin le Bref
768 Charlemagne

814 Louis Ier
le Pieux
840 Charles II
le Chauve
877 Louis II
le Bègue
879 Louis III
882 Carloman
884 Charles II
le Gros
888 Eudes
898 Charles III
le Simple
922 Robert Ier
923 Raoul
ou Rodolphe
de Bourgogne
936 Louis IV
d'Outremer
954 Lothaire
986 Louis V

CAPÉTIENS
987 Hugues Capet
996 Robert II
le Pieux
1031 Henri Ier
1060 Philippe Ier
1108 Louis VI
le Gros
1137 Louis VII
le Jeune
1180 Philippe II
Auguste
1223 Louis VIII
le Lion
1226 Louis IX
(Saint Louis)
1270 Philippe III
le Hardi

1285 Philippe IV le Bel
1314 Louis X le Hutin
1316 Jean Ier le Posthume
1316 Philippe V le Long
1322 Charles IV le Bel

VALOIS
1328 Philippe VI
1350 Jean II le Bon
1364 Charles V le Sage
1380 Charles VI
1422 Charles VII
1461 Louis XI
1483 Charles VIII

VALOIS ORLÉANS
1498 Louis XII

VALOIS ANGOULEME
1515 François Ier
1547 Henri II
1559 François II
1560 Charles IX
1574 Henri III

BOURBONS
1589 Henri IV
1610 Louis XIII
1643 Louis XIV
1715 Louis XV
1774 Louis XVI

PREMIÈRE RÉPUBLIQUE
Proclamée le 21 septembre 1792.

Différents types de gouvernements se succèdent :
1792 Comité de Salut Public
1795 Directoire
1800 Consulat

PREMIER EMPIRE
1804 Napoléon Ier

LA RESTAURATION
1814 Louis XVIII
1815 Les Cent Jours ramènent Napoléon Ier
1815 Retour de Louis XVIII
1824 Charles X
1830 Louis-Philippe

SECONDE RÉPUBLIQUE
Proclamée le 25 février 1848
1848 Louis Napoléon Bonaparte

SECOND EMPIRE
2 décembre 1852
1852 Napoléon III

TROISIÈME RÉPUBLIQUE
Proclamée le 4 septembre 1870
1871 Thiers (chef de l'Exécutif)
1873 Mac-Mahon
1879 Jules Grévy

1887 Sadi-Carnot
1894 Casimir Périer
1895 Félix Faure
1899 Émile Loubet
1906 Armand Fallières
1913 Raymond Poincaré
1920 Alexandre Millerand
1924 Gaston Doumergues
1931 Paul Doumer
1932 Albert Lebrun

GOUVERNEMENT DE VICHY
1940 Philippe Pétain

QUATRIÈME RÉPUBLIQUE
Gouvernement provisoire
1944 Charles de Gaulle
1946 Gouin, Bidault, Blum
Les présidents
1947 Vincent Auriol
1954 René Coty

CINQUIÈME RÉPUBLIQUE
Proclamée le 5 octobre 1958
1959 Charles de Gaulle
1969 Georges Pompidou
1974 Valery Giscard d'Estaing
1981 François Mitterrand

Le petit lexique
de l'histoire de France

Abdiquer

Pour un roi, renoncer à régner.

Abjurer

Renoncer publiquement à sa religion, à ses opinions. Se dit des protestants, invités à abjurer leur foi s'ils veulent éviter la confiscation de leurs biens ou leur emprisonnement.

Absolu

Un monarque absolu est celui qui prend, seul, toutes les décisions, éventuellement après avoir consulté ses conseillers, mais sans être tenu de suivre leurs avis. Le pouvoir absolu tient lieu de loi, il est sans appel.

Albigeois

Autre nom des Cathares.

Anarchie

Absence d'autorité. Système politique suivant lequel chaque individu agit librement selon sa conscience, sans la tutelle d'aucune loi gouvernementale.

Ancien régime

L'organisation économique, politique et sociale de la royauté avant la Révolution.

Annexion

Rattachement d'un Etat à un autre, effectué généralement sans lui demander son avis.

Arbalète

Arc métallique comportant un rail pour guider le lancement de la flèche et un système de détente.

Aristocratie

En grec: «le gouvernement des meilleurs». Ensemble de ceux qui se jugent comme tels, d'après l'ancienneté de leur famille ou leur richesse.

Armistice

Engagement signé par les belligérants pour cesser les combats, mais qui ne met pas fin à l'état de guerre.

Arquebuse

Arme à feu portative des années 1500, dont la mèche est allumée par un silex.

Autonomie

Droit pour un peuple de s'administrer lui-même d'après ses propres lois.

Banqueroute

Etat d'un commerçant reconnu incapable de payer ses dettes. Pour un gouvernement, reconnaissance de l'impossibilité de rembourser les emprunts contractés.

Blocus

Dispositif militaire autour d'un port ou d'un pays pour lui interdire tout échange ou communication avec l'extérieur.

Budget

Prévision des recettes et des dépenses d'un Etat.

Cahiers de doléances

Registres sur lesquels les députés aux Etats-Généraux de 1789, ont consigné les demandes des populations qu'ils représentaient.

Camisards

Les derniers protestants qui luttent dans les Cévennes contre les soldats de Louis XIV portent une grande chemise blanche pour se reconnaître la nuit.

Capitulaire

Ordonnance émise par un roi mérovingien ou carolingien.

Cent Jours

Temps écoulé entre le 20 mars 1815, jour du retour de Napoléon de l'île d'Elbe, et le 20 juin, date de sa seconde abdication, après la défaite de Waterloo. Napoléon débarque en Provence, remonte triomphalement à Paris, provoquant le départ de Louis XVIII qui vient de rétablir la royauté.

Clergé

Dans une Eglise, l'ensemble de ceux qui ont une fonction religieuse ou administrative: les curés, les évêques et le pape.

Coalition

Association de plusieurs Etats pour se défendre contre un ennemi commun.

Comte

Au Moyen Age, commandant militaire d'une région, nommé par le roi et le représentant. Ensuite, titre de noblesse.

Conscription

Système de recrutement des jeunes gens pour les enrôler dans l'armée. A certaines époques, la conscription s'effectuait par tirage au sort.

Dauphin

Nom donné en France au fils aîné du roi, héritier du trône.

Démocratie

Du grec: «pouvoir du peuple». Système de gouvernement qui garantit à chaque citoyen l'égalité des droits et dans lequel les décisions sont prises par une majorité élue, la minorité ayant accès à la critique et à la discussion.

Dévaluation

Opération consistant à diminuer la valeur d'une monnaie par rapport à celles de l'or et des monnaies des autres nations.

Dictature

A Rome, dans les moments où la

nation est en péril, droit donné à un citoyen valeureux d'exerces tous les pouvoirs.
Par la suite, droit que s'adjuge un individu ou un groupe, le plus souvent par la force et l'intimidation, d'exercer le pouvoir sans discussion possible.

Edit
Ou ordonnance. Loi promulguée par l'autorité du roi.

Eglise
Avec un grand E, l'ensemble des croyants et des pratiquants d'une religion.

F.F.I.
Abréviation de Forces Françaises de l'Intérieur, organisation de résistance clandestine pendant l'Occupation.

Fief
Terre donnée pour la vie par un seigneur à son vassal.

Girondins
Députés modérés de la Convention dont les membres les plus écoutés viennent du département de la Gironde.

Gouvernement
Ensemble des actes assurant la gestion d'un Etat, le maintien de l'ordre, l'organisation des finances, de la justice, de la défense et des rapports avec les Etats étrangers. Désigne aussi l'ensemble des ministres chargés de gouverner.

Guerre civile
Guerre entre les habitants d'un même pays.

Hérétiques
Pour les catholiques, ceux qui, partant de la doctrine chrétienne, en donnent une interprétation différente de la leur, et que l'Eglise condamne.

Impôt
Contribution exigée de chaque citoyen pour le fonctionnement de l'Etat. L'impôt direct est perçu directement par l'Administration, en argent (autrefois la taille) ou en nature la dîme, dixième partie des récoltes). L'impôt indirect est celui que l'on paye en achetant des objets taxés: à peu près tous, aujourd'hui (autrefois le sel, taxé par la gabelle).

Indulgences

Permission donnée par l'Eglise de pardonner les fautes, moyennant une aumône.

Inquisition

Ensemble des tribunaux chargés par le pape de condamner les hérétiques, et dont l'organisation est confiée aux moines dominicains. L'accusé n'a pas d'avocat pour sa défense et les décisions du tribunal ne peuvent être contestées.

Jansénistes

Partisans d'une interprétation de la foi chrétienne, la «prédestination», selon laquelle dès sa naissance, l'individu a la «grâce» ou ne l'a pas. L'Eglise condamne le jansénisme comme hérésie.

Jésuites

Religieux faisant partie de la Compagnie de Jésus (voir page 60) et dont le général est placé sous l'autorité directe du pape. Les Jésuites ont contribué à l'extension du catholicisme en Amérique et en Asie, et sont réputés pour leur enseignement.

Juifs

A l'époque de la Gaule romaine, les juifs sont expulsés de Jérusalem. Ils arrivent en Europe où ils ont souvent un statut d'étrangers. Accusés d'avoir été responsables de la mort du Christ, on ne leur permet souvent que les métiers qui enverraient les chrétiens en enfer, comme le prêt d'argent avec intérêt. Parfois ils doivent porter un signe distinctif: la rouelle ou un chapeau pointu. Avec la déclaration des droits de l'homme, la Révolution française leur reconnaît la citoyenneté.

Képi

La coiffure de l'armée française, généralement réservée aux officiers. Suivant les époques, le képi a beaucoup varié en hauteur, avec ou sans plumet.

Lettre de cachet

Lettre préétablie où le roi n'a plus qu'à inscrire le nom de celui qu'il désire voir emprisonner. Le pouvoir du roi étant absolu, l'intéressé n'a aucun moyen de se défendre. Symboles d'injustice, les lettres de cachet sont l'une des raisons de la prise de la Bastille.

Lusitania

Paquebot anglais coulé le 7 mai 1915 par un sous-marin allemand. La présence de nombreux Américains parmi del 1200 passagers qui périssent déterminera l'entrée en guerre des Etats-Unis aux côtés des alliés.

Mercenaire

Soldat louant ses
services contre de
l'argent.

Monarchie

Du grec: «le
commandement d'un
seul». Gouvernement
d'un Etat par un seul
chef héréditaire,
généralement un roi.

Montagnards

Députés de la
«gauche» à la
Convention, qui ont
l'habitude de siéger
en haut des gradins.
Leurs représentants
les plus célèbres:
Saint-Just, Foucher,
Danton, Marat et
Robespierre.

Noblesse

Classe sociale formée
de ceux qui, soit par
l'ancienneté de leur
famille et la

possesion des terres,
soit par récompense
donnée par le
souverain, jouissent
de privilèges et de
titres.

Oies du Capitole

Oies sacrées,
chargées de garder le
temple de Junon sur
la colline du
Capitole, à Rome.
En 390 avant notre
ère, les Gaulois
viennent pour piller
Rome, la nuit, sans
faire de bruit. Ils en
font malgré tout
suffisamment pour
réveiller les oies,
lesquelles, par leurs
cris, préviennent les
Romains de l'attaque
de la ville.

Ordonnance

Autrefois, loi
promulguée par le
roi avec ou sans avis
de son conseil.
(Synomyme d'édit.)
Aujourd'hui, loi
émanant du
gouvernement sans
discussion devant les
Assemblées, dans le
cadre d'une
délégation du
pouvoir.

Ordres religiéux

Communautés de
moines ou de
religieuses qui ont
prononcé les voeux
de pauvreté, de
célibat et
d'obéissance et qui
vivent selon une
règle établie par le
fondateur, saint
Benoît, saint
François ou saint
Dominique, par
exemple.

Prévôt

Magistrat chargé
d'administrer une
ville ou de gérer une
corporation de
commerçants.

Privilèges

Droits et avantages
attribués à certaines
personnes ou à
certains groupes ou
classes sociales.

Prolétariat

Ensemble des gens
qui n'ont pour vivre
que le salaire dû à
leur travail, par
opposition aux
propriétaires qui
peuvent vivre du
revenu de leur
capital.

Quinze-Vingt

Hospice fondé à Paris par Saint Louis pour accueillir 300 croisés rendus aveugles par les infidèles qu'ils étaient allés combattre.

Reddition

Acte de se rendre. Pour un Etat, reconnaissance de la défaite et fin de la guerre.

Référendum

Consultation électorale pour accepter ou rejeter un projet de loi proposé par le gouvernement et intéressant l'ensemble de la nation.

Régence

Charge de celui qui gouverne un Etat pendant la minorité de son souverain.

Renaissance

Mouvement de renouveau intéressant la littérature, les arts, les sciences, les techniques; parti d'Italie dans les années 1400, il va atteindre toute l'Europe jusqu'à la fin du seizième siècle.

République

Organisation politique d'un Etat dans lequel le peuple exerce directement le pouvoir ou, le plus souvent, par l'intermédiaire de délégués élus: les députés.

Résistance

Action de ceux qui, clandestinement, se sont opposés à l'occupation de leur pays par l'Allemagne, pendant la Seconde Guerre mondiale, par des sabotages et des attaques armées.

Restauration

Rétablissement d'un régime monarchique, après sa disparition.

Rouelle

Petit signe distinctif, jaune et en forme de roue, que les juifs devront parfois porter au Moyen Age. Hitler s'en inspire quand l'Allemagne nazie oblige les juifs à porter une étoile jaune.

Serf

Pendant la féodalité, paysan qui ne possède pas sa liberté, cultivant la terre du seigneur.

Suffrage universel

Mode d'élection dans lequel tous les citoyens majeurs ont le droit de voter. Par opposition à d'autres systèmes, comme le suffrage censitaire, dans lequel ceux qui payaient un seuil d'impôts, le cens, peuvent être électeurs ou éligibles.

Suzerin

Seigneur possédant un fief dont dépendant d'autres fiefs.

Templiers

«Gardiens du temple de Jérusalem». Ordre militaire et religieux fondé pendant les croisades. Les nobles leur confiant leur argent, ils deviennent les banquiers du pape et du royaume, et s'enrichissent.

Traité

Accord écrit entre deux ou plusieurs Etats, relatif à la paix, au commerce ou à l'assistance en cas de nécessité.

Ultimatum

Dernières conditions proposées par un Etat à un autre, sous menace de guerre si elles ne sont pas acceptées.

Ultra

Abréviation de «ultraroyaliste». Partisan, sous Charles X, d'un retour à l'ancien régime. Ennemi des républicains comme des bonapartistes.

Vassal

Personne ayant juré fidélité au suzerin qui, en échange, lui donne un fief.

Vilain

Habitant de la compagne, le contraire de manant.

Wagon

C'est dans un wagon spécial, dans la forêt de Compiègne, que l'armistice est signé, le 11 novembre 1918. C'est dans le même wagon, transformé en musée , que Hitler reçoit la réddition de la France en 1940.

X

Surnom de l'Ecole Polytechnique fondée par Monge et Carnot pendant la Révolution.

Yatagan

Sabre incurvé utilisé par les Turcs contre les croisés.

Zazou

Mode vestimentaire portée par la jeunesse française pendant l'Occupation, et préfigurant la mode 1985 qui lui ressemble.

Biographie de l'auteur

Jean-Louis Besson est né à Paris, en 1932, une année pas si facile qui vient de voir l'assassinat du président de la République, Paul Doumer, par un Russe illuminé.

On le retrouve au lycée Voltaire, où rien ne peut laisser supposer qu'il écrira un jour une Histoire de France, ou même qu'il s'intéressera à quoi que ce soit d'autre, sauf au dessin.
Non que l'Histoire soit, parmi les sujets proposés à son étude, le moins attrayant.

Au contraire, alors qu'il n'attaquera jamais vraiment les mathémathiques, il ne manque aucun des grands films français à costumes : belles histoires du Moyen Age ou drames de la Restauration.

Lorsque contraint, comme tant d'autres, de travailler, il se fait tout naturellement mercenaire du crayon et du pinceau, se louant pour de bonnes causes, à ceux qui pensent comme Napoléon qu'un bon dessin vaut mieux qu'un long discours.

Affiches pour la Caisse d'Épargne ou pour Camping-Gaz, reportage en Guyane pour Paris-Match, dessin animé pour TF1, bandes dessinées pour Astrapi et livres pour Gallimard. Il a fait sienne cette réflexion de la grande Sarah Bernhardt : « Ce n'est pas tout de s'amuser, il faut tâcher de se rendre utile ».

121

Table des matières

Table des citations

6. Pierre de Ronsard, « L'histoire sert aux rois»... (« Excellence de l'esprit », *Second livre des poèmes*). **7.** Alfred Jarry, « Attendons avec espérance »... (*Ubu roi*, 1896). **10.** J. - H. Rosny, « Suivant le rang et la fortune »...» (Extrait, *Eyrimah*, Librairie Gedalge et R. Borel-Rosny, 1953). **12.** Jules César, « Il installa son siège »... (*La Guerre des Gaules*). **13.** Paul Fort, « A quoi reconnaît-on »... (« La noble vieille France vue de l'île Maurice », *Ballades françaises*, Flammarion, 1963). **15.** « Si les frères se trouvent obligés »... (*Règle de saint Benoît*, Trad. © Librairie Armand Colin, 1969). **19.** Grégoire de Tours, « Tous les seigneurs et guerriers »... (*Histoire de France*). **21.** Luc Bérimont, « Le bon roi Dagobert » (Extrait, *L'Esprit d'enfance*, Editions Ouvrières, 1980). **22.** Jean-Claude Busch, «Les rois fainéants » (*La Légende espiègle*, Editions Saint-Germain-des-Prés, 1979). **23.** Jean-Jacques Rousseau, « Je vous avoue aussi »... (*L'Emile*). **24, 25.** L'anonyme de Cordoue, « Alors Adb al-Rahmân »... (« La bataille de Poitiers », Editions J. Tailhan, 1885). **26.** « Le seigneur très florissant »... (Anonyme, Hanovre, Editions G. Waitz, 1884). **27.** *La Chanson de Roland*, « Ah! Durendal, ma bonne épée »... (Adapt. Serge Brindeau, Poésie I, *La France des poètes*, Editions Saint-Germain-des-Prés, 1983). **35.** Chanson de toile, « Le comte Renaud a monté les degrés »... (« Belle Erembourg », Adapt. Jean-Pierre Foucher, Gallimard, 1982). **52.** François Villon, « La pluie nous a débués et lavés »... (Extrait, « La Ballade des pendus »). **53.** Jean de Roye, « Et, disait le roi »... (« Journal », *Chroniques scandaleuses*, 1460-83). **55.** Goethe, « Celui qui a bien vu l'Italie »... (*Voyage en Italie*, 1816-1829). **57.** Joachim du Bellay, « Je me ferai savant »... (Extrait, *Les Regrets*). **81.** Charlotte Corday, « O Marat, père et unique espérance »... (Extrait de la lettre demandant un entretien à Marat). **91.** François Guizot, « Le développement intellectuel et moral »... (*Histoire parlementaire de la France*, Discours du 3 mai 1819). **111.** Montesquieu, « L'Etat... doit à tous les citoyens »... (*L'esprit des lois*).

Nous remercions Messieurs les Auteurs et Éditeurs qui nous ont autorisés à reproduire textes ou fragments des textes dont ils gardent l'entier copyright (texte original ou traduction). Nous avons par ailleurs, en vain, recherché les héritiers ou éditeurs de certains auteurs. Leurs œuvres ne sont pas tombées dans le domaine public. Un compte leur est ouvert à nos éditions.